Provence

Von Hans Gercke

EIN ADAC BUCH

Inhalt

Eleganz mit Geschichte: das imposante Renaissanceschloss Château Grignan bewohnte einst die Marquise de Sévigné

Romanisches Meisterwerk: Fassade der Cathédrale St-Trophime in Arles

Die bunten Märkte der Provence sind kulinarische Verlockung und Augenweide

Berühmte Kunst: die Montagne Ste-Victoire war ein Lieblingsmotiv von Paul Cézanne

Karten und Pläne

Naturerlebnis Camargue: Gardians auf weißen Pferden hüten die berühmten schwarzen Stiere

Dies und Das

Edle Gefäße für eine kostbare Flüssigkeit: Olivenöl ist eine Spezialität der Provence

Provence aktuell A bis Z

Lebendiger Umgang mit antikem Kulturgut: Rast an der Maison Carrée in Nîmes

Provence – Land der Gegensätze

»Die Farbe ist eigentlich sehr fein hier. Wenn das Grün frisch ist, ist es ein sattes Grün, wie wir es im Norden selten sehen, ruhig. Wenn es verbrennt und staubig wird, wird es nicht hässlich, sondern dann bekommt die Landschaft die verschiedensten Goldtöne…« Vincent van Gogh

Weder geographisch noch historisch lässt sich genau bestimmen, was die Provence eigentlich ist. Der Unschärfe ihrer Konturen entspricht die Vielfalt der Binnenstruktur: Für ihren einzigartigen **Reiz** ist charakteristisch, dass sich auf vergleichsweise engem Raum alle nur erdenklichen Gegensätze nebeneinander finden: schroffe, bizarre Gebirge, sanfte Hügelketten, dramatische Schluchten, weite Ebenen, dichte Wälder, karge Plateaus und duftende Lavendelfelder, Weinberge und Olivenhaine. Diese Musterkarte archetypischer landschaftlicher Möglichkeiten, überschaubar und in ihren absoluten Dimensionen eher bescheiden, ist in ihrer Wirkung gleichwohl oft von imponierender **Monumentalität**. Jedenfalls ist sie für unser Empfinden ganz und gar ohne jenen Charakter des Zärtlich-Idyllischen, den im 19. Jh. die Wiederentdecker der Provence, die Schriftsteller *Daudet* und *Mistral*, ihrer Heimat anzudichten versuchten.

Eher ist ihr eine gewisse **Herbheit** eigen, und es kommt gewiss nicht von ungefähr, dass eine leidenschaftliche, farbenglühende Malerei wie die des Holländers *Vincent van Gogh* hier ihre Vollendung fand, aber auch die ganz anders geartete, strenge und kühle, den kristallinen Gesetzmäßigkeiten einer von Natur und Menschenhand strukturierten Landschaft nachspürende seines Zeitgenossen *Paul Cézanne*. Es ist diese innere, geistige Affinität zwischen Natur und Menschenwerk, die in der Provence immer wieder erfahrbar wird, nicht im Sinne eines Gleichklangs, einer Harmonie, wie sie für andere Gegenden charakteristisch sein mag, sondern eher im Sinne eines Dialogs, der auf elementare Gemeinsamkeiten verweist.

Oben: *Naturschönheit und Kunst – die provenzalische Landschaft begeisterte schon große Maler wie Paul Cézanne*

Rechts: *Blühende Lavendelfelder sind Augenschmaus und Dufterlebnis zugleich*

Rechts oben: *Malerische Bergstädtchen wie Gordes sind Blickfang der Vaucluse*

Zauber der Landschaft und des Lichts – Inspiration für Künstler

In den Bildern Cézannes scheinen jene silbrigen Farbtöne wieder auf, die so typisch sind für die **provenzalische Landschaft**, der bräunliche, gelbe und rötliche *Ocker*, vor allem aber – zumal in den Aquarellen – das gleißende *Weiß* des Midi, dem alle anderen Farben ebenso zum Opfer fallen wie alle anderen Töne dem ohrenbetäubenden Sirren der Zikaden. Das Weiß findet sich wieder in den harten, konstruktiven Kontrasten im Werk des Wahl-Provenzalen *Victor Vasarély*, dessen Museum in Aix ein Muss für je-

den ist, der sich für die Kunst des 20. Jh. interessiert.

Aber es geht nicht allein um die **Kunst**, sondern ebenso um das Geheimnis dieser Landschaft. Doch ist das eine vom anderen nicht zu trennen: Dass gerade hier eine Kunst entstand, deren rationale und dennoch ins Irrationale überspringende *Klarheit* zweifellos mit dem scharf konturierenden Licht des Südens zu tun hat und sich auf Jahrhunderte vorher entstandene Werke berufen kann, deren *formale Prägnanz* ihresgleichen sucht, ist kein Zufall. Magisch hat dieses Land Künstler angezogen – Cézanne ist einer der wenigen, die hier beheimatet sind. Da der Prophet im eigenen Land wenig gilt, ist es nicht verwunderlich, dass in der Provence bis vor nicht allzu langer Zeit kein einziges seiner bedeutenderen Werke zu sehen war.

An den Traumküsten des Mittelmeers haben sich große Klassiker der Moderne niedergelassen – Picasso, Matisse, Léger, Chagall –, die ihnen gewidmeten Museen sind zu Wallfahrtsorten der Kunstwelt geworden. Doch die **Côte d'Azur**, die in mancher Hinsicht zur Provence gehört, in anderer jedoch von ihr sehr verschieden ist, wird in einem eigenen ADAC-Reiseführer behandelt.

Oben: *Moderne Kunst von Rang – Fondation Vasarély in Aix-en-Provence*

Unten: *Farbenpracht und Formenspiel der Natur – Ockerfelsen von Roussillon*

Rechts oben: *Meisterwerk der Romanik – Cathédrale St-Trophime in Arles*

Rechts Mitte: *Historie in buntem Kleid – Nostradamusfest in Salon-de-Provence*

Rechts unten: *Genuss mit Tradition – Café Les Deux Garçons in Aix-en-Provence*

Kulturen der Vergangenheit – präsent in der Gegenwart

In die Provence reisen heißt, buchstäblich zu den Müttern hinabzusteigen. Die Erfahrung einer **kulturellen Kontinuität** mit ihrer lebendigen Präsenz über Jahrtausende hinweg wird hier für jeden spürbar, der für solche Zusammenhänge sensibel ist. Dies gilt insbesondere für die monumentalen Reste der **römischen Vergangenheit**, die in der Provence in einer Qualität erhalten geblieben sind wie kaum irgendwo sonst im Bereich des Imperiums, Rom ausgenommen. Darüber hinaus aber reichen eindrucksvolle Zeugnisse weit in die *prähistorischen Epochen* zurück, in die Zeit der mediterranen Muttergottheiten.

Was das **Mittelalter** betrifft, so gibt es keine Region, deren Architektur den Geist der Antike im wörtlichen Sinn ›lapidarer‹, d. h. ›in Stein gehauen‹, bewahrt hätte. Hier geht es nicht um die Adaption äußerer Formen oder um eine Renaissance, sondern um die Verbindlichkeit elementarer Vorstellungen von Bauen und Behaustsein, die weit vor die römisch-griechische **Antike** zurückreichen.

Grundtypus solcher Räume, in denen der Bewohner nicht wie im Norden die Sonne sucht, sondern sich vor ihr schützt, ist die **Höhle**. Archaische Beispiele eines solchen Bauens finden sich in den aus Steinen aufgeschichteten **Bories** der provenzalischen Hirten. Und selbst die bedeutendsten – zumeist vergleichsweise bescheiden dimensionierten, dennoch in ihrer Wirkung monumentalen – **Kathedralen** verraten noch als dunkle, einschiffige, tonnenüberwölbte Räume, wenngleich hochgradig

stilisiert, diesen Ursprung. Seitenschiffe sind, wenn es sie überhaupt gibt, selten mehr als schmale, begleitende Korridore. Die *Saalräume* der Kathedralen sind in der Regel eher weit als steil proportioniert, und das Licht strahlt allenfalls durch kleine, häufig runde Fenster in den Raum. Mitunter ist die Tür die einzige Öffnung im bergenden Dunkel.

Wie grundverschieden diese mediterrane Architektur von den auf Zelt- und hölzerne Ständerbauten zurückgehenden Konstruktionen nordischen Bauens ist, wird vor allem bei der Betrachtung der **Gotik** deutlich. Die vom Boden wegstrebende, dynamische Bauweise der französischen Gotik ist dem Süden fremd geblieben. Dessen ›lateinische‹ Gotik verharrt in der Tradition des Mediterranen und übernimmt allenfalls Details aus dem Repertoire des neuen, aus dem Norden importierten Stils. Jahrhunderte später wurden die einschiffigen gotischen *Wandpfeilerkirchen* der Provence, insbesondere des päpstlichen **Avignon**, zum Ausgangspunkt der Entwicklung des barocken Einheitsraums.

Neu erwachtes regionales Selbstverständnis

Die Tatsache, dass sich die **politischen Zentren** verlagerten und spätestens seit dem 15. Jh. die Provence als ›Province‹ in eine Art Dornröschenschlaf versank, war mitverantwortlich dafür, dass Zeugnisse einer Vergangenheit erhalten blieben, die bei einer anderen Dynamik der politischen und wirtschaftlichen Entwicklung zweifellos zerstört und von neueren Schichten überlagert worden wären.

So findet man – bei extremer *touristischer Verdichtung* an der Küste und in einigen Städten – im Landesinneren viele heute fast ausgestorbene Orte. Häufig haben sich entlang der Durchgangsstraßen neue Siedlungen neben den verfallenden historischen Stadtkernen entwickelt. Seit mehreren Jahren allerdings bemüht man sich, in kultureller Hinsicht Akzente zu setzen und auch, im Zeichen eines neu erwachten regionalpolitischen Selbstverständnisses, um eine **Revitalisierung** der *historischen Substanz*. Äußere Zeichen dieses Wandels sind die Schilder, die neben dem französischen Namen den provenzalischen des jeweiligen Ortes bekannt geben: eine zumindest symbolische Reverenz an eine große europäische Kultur, die in den Glaubenskriegen des Mittelalters und im Gefolge einer straff zentralisierenden französi-

Links oben: *Höhepunkt im Festkalender – Pèlerinage des Gitanes in Les-Saintes-Maries-de-la-Mer zu Ehren der hl. Sara*
Links Mitte: *Kugelspiel, das nicht aus der Mode kommt – Nationalsport Boule*
Links unten: *Fundgrube zwischen Orient und Okzident – Wochenmarkt in Arles*
Ganz oben: *Paradies für Wanderfans und Kletterfreaks – Canyon du Verdon nordöstlich von St-Maximin-la-Ste-Baume*
Oben: *Arena frei – spanisches Stierkampfspektakel zur Fête des Vins in Nîmes*

schen Expansionspolitik unterging. Heute wird diese Wiederbelebung nicht nur in der Provence, die ohnehin lange Zeit eine *politische Sonderstellung* bewahrte, sondern im gesamten **Midi** zu einem neuen Identifikationsmoment. Eine gesamteuropäische Politik könnte die Chance beinhalten, ohne nationalistische Engstirnigkeit der Eigenständigkeit verschiedenster Regionen im Zusammenhang eines übergeordneten Ganzen neues Gewicht zu verleihen.

Die Provence hätte wohl in besonderem Maße das Zeug dazu, sich in einen solchen Kontext einerseits einzupassen, andererseits darin ihre **Eigenständigkeit** und Vielfalt zur Geltung zu bringen. Hat sie doch seit Jahrhunderten mit Erfolg den Balanceakt vollführt, kulturelle Größe von Rang zu sein, zugleich aber auf machtpolitische Ambitionen weitgehend zu verzichten. Die Provence war nie ein autonomer Staat, sondern immer Teil eines größeren anderen (oder deren mehrerer), zugleich selbst in sich schon voll verschiedenster Aspekte.

Der Reiseführer

Dieser Band stellt die **Provence** in neun Kapiteln vor. Die Reiseroute führt von Norden nach Süden. Bei fortlaufender Lektüre wird so ein zusammenhängender Überblick vermittelt.

Übersichtskarten, Stadtpläne und Grundrisse ergänzen den Text. Die **Top Tipps** weisen auf herausragende Sehenswürdigkeiten und Museen, empfehlenswerte Hotels und Restaurants, regionale Feste und Märkte hin. Den Besichtigungspunkten sind **Praktische Hinweise** mit Tourismusbüros sowie Hotel- und Restaurantadressen angegliedert. Der alphabetisch geordnete **Aktuelle Teil** bietet Beachtens- und Wissenswertes von Informationen vor Reiseantritt über Tipps zu Essen und Trinken, Festen und Feiern bis zu Verkehrsmitteln. Hinzu kommt ein umfassender **Sprachführer**. **Kurzessays** runden den Reiseführer ab.

Geschichte, Kunst, Kultur im Überblick

1800–800 v. Chr. Bronzezeit. Ligurer bevölkern die Provence.

um 1000 v. Chr. Lebhafter Seehandel an den Küsten des Mittelmeers. Phönizier und Griechen aus Rhodos befahren ›Rhodanos‹, die Rhône.

8.–4. Jh. v. Chr. Invasion der Kelten, die sich mit den Ligurern vermischen und feste Siedlungen (Oppida) gründen.

um 600 v. Chr. Griechen aus Phokis in Kleinasien gründen Massalia, das spätere Marseille.

542 v. Chr. Die Kriegsflotte der Karthager überfällt Massalia, sie setzen sich im Küstengebiet fest und werden von dort erst 482 v. Chr. wieder vertrieben.

Kolossal: mit großen Kriegselefanten zog Hannibal durch die Provence zu den Alpen

4. Jh. v. Chr. Blütezeit Massalias. Pytheus der Seefahrer erforscht die Nordmeere, Massalia gründet Kolonien – Monoikos (Monaco), Nikaia (Nizza), Emporion (Ampurias), Antipolis (Antibes) – und beherrscht die Küste. Zu den Kelto-Ligurern im Hinterland bestehen gute Beziehungen.

218 v. Chr. Hannibal zieht im 2. Punischen Krieg (218–202) von Spanien kommend durch die Provence und überquert die Alpen. Massalia ist gegen ihn mit den Römern verbündet.

181–125 v. Chr. Massalia ruft mehrmals das verbündete Rom gegen die keltischen Saluvier zu Hilfe.

123 v. Chr. Der Hauptort der Saluvier, Entremont, wird daraufhin von den Truppen der Feldherren M. Fulvius Flaccus und C. Sextius Calvinus dem Erdboden gleichgemacht.

121 v. Chr. Bei Entremont gründen die Römer als erste eigene Stadt in der Provence Aquae Sextiae Saluviorum, das spätere Aix-en-Provence. Römische Legionäre lassen sich in Vienne nieder.

118 v. Chr. Domitius gründet mit der Colonia Narbo Martius, dem späteren Narbonne, die erste römische Kolonie auf außeritalienischem Boden. Narbo wird die Hauptstadt der neuen Provincia Gallia Transalpina, der späteren Provincia Gallia Narbonensis. Domitius lässt die alte ›Straße des Herakles‹, die von Spanien nach Italien führt, nach römischem Standard ausbauen. Sie trägt fortan seinen Namen: Via Domitia.

105 v. Chr. Die Germanen treten auf den Plan: Die römische Armee wird beim heutigen Orange von den Cimbern und Teutonen vernichtend geschlagen.

104 v. Chr. Der römische Feldherr Marius lässt die Sumpfgebiete zwischen dem späteren Arelate (Arles) und Fos kanalisieren und schafft der römischen Armee so einen Zugang zum Mittelmeer.

101 v. Chr. Marius besiegt die Teutonen in der Schlacht bei Aquae Sextiae (Aix).

58–51 v. Chr. Caesar nimmt im Verlauf des ›Bellum Gallicum‹ (Gallischer Krieg) ganz Gallien ein.

49 v. Chr. Caesar erobert im Bürgerkrieg gegen Pompeius Massalia, das sich nicht auf seine Seite gestellt hatte und künftig als ›Massilia‹ mit dem gesamten Küstenstreifen unter römischer Oberhoheit steht.

46 v. Chr. Caesar gründet Arelate (Arles) und siedelt dort Veteranen seiner 6. Legion an.

43 v. Chr. Munatius Plancus, einer von Caesars Offizieren, gründet Lugdunum, das heutige Lyon.

36 v. Chr. Augustus gründet Arausio, das heutige Orange, und siedelt dort vor allem Veteranen aus Caesars siegreicher 2. Legion an.

27 v. Chr. Augustus macht Lugdunum (Lyon) zur Hauptstadt ganz Galliens. Er organisiert die Verwaltung in den eroberten und befriedeten Gebieten (Pax Augustana). Die römische Kultur breitet sich aus.

16 v. Chr. Augusta Nemausus (Nîmes) wird gegründet und von Augustus mit Stadtmauern beschenkt. Es entwickelt sich zu einer blühenden Handelsstadt.

285–305 n. Chr. Regierungszeit des Kaisers Diokletian. Er organisiert die Reichsverwaltung neu. Lyon verliert seine Funktion als Hauptstadt.

308 Kaiser Konstantin macht Arelate (Arles) zur kaiserlichen Residenz.

313 Aufblühen des Christentums nach Kaiser Konstantins Toleranzedikt von Mailand.

395 Arles wird das Verwaltungszentrum ganz Galliens.

412 Invasion und von Rom legitimierte Landnahme der Goten.

443 Die vom Rhein vertriebenen Burgunder gründen an der Rhône ein neues Reich. Königssitz ist seit 461 Lyon.

471 Der Westgotenkönig Eurich erobert Arles.

476 Ende des Weströmischen Reiches. Vienne wird Hauptstadt der Burgunder.

523 Theoderich der Große gliedert die Provence in sein Westgotenreich ein.

534 und 536 Burgund und die Provence werden ins Frankenreich eingegliedert, das damit den Zugang zum Mittelmeer gewonnen hat.

7. Jh. Neue Blütezeit der Provence mit zahlreichen Klostergründungen unter den fränkischen Hausmeiern.

719 Invasion der Araber.

732 Karl Martell besiegt bei Tours und Poitiers die Araber, die aber auch in der Folgezeit als ›Sarazenen‹ immer wieder die Küste bedrohen.

741 Nach dem Tod von Karl Martell wird das Reich geteilt.

800 Kaiserkrönung Karls des Großen, der das Reich wieder eint.

843 Vertrag von Verdun über die Teilung des Karolingerreichs: Karl II. erhält das spätere Frankreich, Ludwig ›der Deutsche‹ Deutschland, Lothar das Mittelreich (Lotharingien) mit Burgund und Provence.

Bühnenreif: Marmorstandbild des Augustus im antiken Theater von Orange

855 Nach Lothars Tod wird dessen Herrschaftsgebiet aufgeteilt: Ludwig II. erhält die italienischen Gebiete und die Kaiserwürde, Lothar II. Mittelfranken (Lothringen), Karl Burgund und das nun selbstständige Königreich Provence.

863 Nach dem Tod Karls wird sein Besitz zwischen den beiden überlebenden Brüdern geteilt; Lothar erhält Burgund, Ludwig II. wird König der Provence.

879 Die Adligen der Provence erheben einen der Ihren, Boso von Vienne, den Schwager Karls des Kahlen, zum König. Boso vereinigt Burgund und Provence zum Königreich Niederburgund (im Gegensatz zum 888 gegründeten welfischen Königreich Hochburgund).

um 934 Vereinigung der beiden burgundischen Reiche zum Königreich Arelat (nach seiner Hauptstadt Arles).

10. Jh. Benediktinische Klostergründungen.

972 Guillaume d'Arles besiegt die Sarazenen und nennt sich fortan ›Graf der Provence‹. Er gilt als der Stammvater der Grafen der Provence aus den Häusern Toulouse und Barcelona.

1032 Das Königreich Burgund wird in das Heilige Römische Reich Deutscher Nation eingegliedert.

11. Jh. Religiöser Umbruch innerhalb und außerhalb der etablierten Kirche. Aus Bulgarien kommt die Bewegung der Katharer (›die Reinen‹; nach ihrem Zentrum Albi auch Albigenser genannt), die sich rasch in Südfrankreich verbreitet.

1125 Nach dem Aussterben der Grafen von Arles (1112) wird die Provence zwischen den Grafen von Toulouse und Barcelona aufgeteilt.

1162 Kaiser Friedrich Barbarossa erkennt Raymond Béranger von Barcelona als Comte der Provence an.

1178 Der Kaiser beendet Streitigkeiten zwischen den Grafen von Barcelona und Toulouse, indem er sich selbst in der Kathedrale St-Trophime in Arles zum König der Provence krönen lässt.

1194 Raymond VI. († 1222) wird Graf von Toulouse. Er sympathisiert mit den Ideen der Albigenser.

1208 Ermordung des päpstlichen Legaten Pierre de Castelnau, für die Raymond VI. verantwortlich gemacht wird.

1209 Trotz Unterwerfung und Buße Raymonds VI. Beginn des ›Albigenserkreuzzugs‹. Simon von Montfort, Graf von Leicester, erobert in diesem vom französischen König unterstützten Kreuzzug fast die gesamte Grafschaft Toulouse. Im ›Massaker von Béziers‹ werden 20 000 Menschen niedergemacht.

1226 Die Brücke von Avignon, das selbst zu den Albigensern hält, wird von den Truppen Ludwigs VIII. zerstört.

1229 Nach der Unterwerfung Raymonds VII. (1222–49) enden im Frieden von Paris die Albigenserkriege. Das südliche Languedoc fällt fast ganz an die französische Krone. Ein königlicher Amtsbezirk wird in Beaucaire geschaffen. Raymond VII. verliert die Grafschaft Venaissin an den Papst.

1246 Karl I. von Anjou, ein Bruder Ludwigs IX., des ›Heiligen‹ (1226–1270), heiratet Beatrice von Provence, die Tochter des Grafen Raymond Béranger von Barcelona, der seine Besitzungen behalten hatte, und wird damit Graf der Provence.

1249 Tod Raymonds VII. Alphonse von Poitiers wird neuer Graf von Toulouse.

1271 Mit dem Tod des Alphonse von Poitiers fällt die Grafschaft Toulouse an die französische Krone. Frankreich erstreckt sich nun bis zum Mittelmeer.

1285 Philipp IV., ›der Schöne‹ (1285–1314), regiert in Frankreich. Systematisch dehnt er sein Herrschaftsgebiet nach Süden aus und bringt auch das Papsttum unter seine Gewalt.

1309 Der französische Papst Clemens V. lässt sich auf Anraten Philipps IV. in Avignon nieder. Damit beginnt die ›Babylonische Gefangenschaft der Päpste‹.

1312 Das Konzil von Vienne beschließt auf Drängen Philipps IV. die Liquidierung des mächtigen Templerordens. Das Vermögen des Ordens fällt an die Krone.

1309–76 Päpste und Gegenpäpste residieren in Avignon.

1348–49 Eine erste große Pestepidemie dezimiert die Bevölkerung der Provence.

1365 und 1409 Universitätsgründungen in Orange und Aix.

1434–89 Unter der Regierung des René von Anjou, des ›guten Königs René‹, erlebt die Provence ihr ›Goldenes Zeitalter‹.

1443 Mit der Herrschaft Giulianos della Rovere, des ersten Erzbischofs von Avignon und späteren Papstes Julius II. (ab 1506), beginnt die Herrschaft der Kardinallegaten in Avignon.

1481 Karl von Maine, der Neffe König Renés, vermacht die Provence testamentarisch dem französischen König.

1486 Die drei Stände der Provence ratifizieren in Aix den Vertrag zum Anschluss der Provence an Frankreich.

16. Jh. Die Reformation breitet sich in Frankreich aus. Zentren sind Nîmes und das protestantisch beherrschte Orange.

1501 Ludwig XII. gründet das Parlament von Aix als Herrschaftsinstrument der Krone und besetzt es vorzugsweise mit Nichtprovenzalen.

Mit dem Edikt von Nantes 1598 beendet Heinrich IV. die Religionskriege

1515–47 Unter dem französischen König Franz I. werden mit aktiver Hilfe des Parlaments die im Lubéron ansässigen Waldenser verfolgt.

1539 Französisch wird Verwaltungssprache der Provence.

1558 Adam de Craponne, ein Ingenieur aus Salon, baut einen Kanal zur Bewässerung der Crau.

1560–98 Religionskrieg in Frankreich.

1598 Heinrich IV. erlässt das Edikt von Nantes: Glaubensfreiheit für Protestanten. Er beendet damit die Religionskriege, die Protestanten bauen eigene Kirchen und befestigte Orte.

1632 Die Auflehnung des Languedoc unter Henri II. de Montmorency wird von Ludwig XIII. niedergeschlagen.

1660 Ludwig XIV. zieht nach Niederwerfung eines Aufstandes im Triumph in Marseille ein.

1663 Die päpstliche Grafschaft Venaissin wird von Ludwig XIV. nach Streitigkeiten mit Papst Alexander VII. besetzt und Frankreich einverleibt.

1685 Ludwig XIV. widerruft das Edikt von Nantes. Rund 500 000 Hugenotten wandern in protestantische Länder aus.

1713 Das Fürstentum Orange, ehemals Besitz des Hauses Nassau, gelangt durch den Vertrag von Utrecht zunächst vorläufig, dann endgültig an Frankreich.

1720 Zweite große Pestepidemie.

1771 Parlament von Aix wird aufgelöst.

1787 Protestantenerlass: Den Protestanten wird erneut Glaubensfreiheit gewährt.

1789 Wahl der Generalstände.

1792 500 Freiwillige aus Marseille marschieren nach Paris und singen dabei das von Rouget de Lisle in Straßburg komponierte ›Lied der Rheinarmee‹, das als ›Marseillaise‹ zur Nationalhymne wird.

1797 Im Frieden von Tolentino wird Avignon Frankreich zugesprochen.

1854 Gründung der Literaturgruppe ›Le Felibrige‹ durch Frédéric Mistral.

1857 Eröffnung der Eisenbahnlinie Bordeaux – Tarascon.

1888 Vincent van Gogh (1853–1890) lässt sich in Arles nieder.

Schnellste Verkehrsverbindung über Land: Hochgeschwindigkeitszug TGV

1906 Paul Cézanne (geb. 1839) stirbt in Aix-en-Provence.

1933 Beginn der Kanalisierung der Rhône.

1942–44 Invasion deutscher Truppen, Lyon wird Zentrum des Widerstandes.

1948–52 Bau des Rhône-Kanals Donzère – Mondragon.

1956 In Marcoule geht der erste Atomreaktor Frankreichs in Betrieb.

1962 Inbetriebnahme der ersten Wasserkraftwerke im Rhônetal.

1965 Baubeginn des Industriehafens Fos sowie der Atomfabrik in Pierrelatte.

1972 In Frankreich werden 22 Regionen geschaffen. Die Provence gehört zur Region Rhône-Alpes, Hauptstadt ist Marseille.

1981 Der Hochgeschwindigkeitszug TGV (Train Grande Vitesse) zwischen Marseille und Paris nimmt seinen Betrieb auf.

1993 Das Carré d'Art, das Museum für zeitgenössische Kunst (Architekt: Norman Foster), wird in Nîmes eröffnet.

1998 In Frankreich findet die Fußballweltmeisterschaft statt, Marseille ist einer der Austragungsorte.

2000 Im Hafengebiet von Marseille wird die 100 000 m^2 große Speicherstadt Le Docks de La Joliette zum Kultur- und Freizeitareal umgebaut.

2002 Amtsinhaber Jacques Chirac gewinnt die Präsidentschaftswahlen gegen den rechtsradikalen Jean-Marie Le Penn.

2004 Geplanter Baubeginn des neuen Musée des Civilisations de l'Europe et de la Méditerranee in Marseille.

Sehenswürdigkeiten

Im Vivarais – kleine Orte mit großer Vergangenheit an der Rhône

Kaum eine Publikation über die Provence beschränkt sich allein auf das Gebiet, dem historisch und politisch im eigentlichen Sinn dieser Name entspricht. Und dies aus gutem Grund. Denn vielfältig sind die landschaftlichen, kulturellen, politischen und ökonomischen Verbindungen zwischen den **Regionen** diesseits und jenseits der **Rhône**, und der moderne Tourist wird den Fluss noch weniger als Grenze akzeptieren, als dies die Reisenden früherer Jahrhunderte taten. Allerdings wird man, je weiter man westlich der Rhône ins Landesinnere vordringt, doch auch feststellen, dass sich die Gesichter der Landschaft und der sie begleitenden Architektur grundlegend ändern. Im Folgenden seien daher lediglich die Orte näher beschrieben, die sich in *unmittelbarer Nähe* des Stromes befinden.

1 Viviers

Die fast vergessene Bischofsstadt mit Kathedrale birgt eines der schönsten Renaissancegebäude Frankreichs.

Viviers ist nicht allein das Eingangstor der historischen Grafschaft *Vivarais*, die einst einen Großteil der östlichen Ausläufer des Zentralmassivs umfasste, es markiert außerdem auch eine dominierende Position auf dem Weg in den Süden Frankreichs.

Von beiden Seiten reichen die *Gebirgszüge* hier dicht an die Rhône heran; diese durchbricht in einem schmalen ›Défilé‹ (auch ›Robinet‹ genannt, der Wasserhahn) die Kalkbarriere, die die Ebenen von Montélimar und des Tricastin voneinander trennt. Das Tal wird eng, um sich jedoch gleich darauf zu einer lang gestreckten ›Insel‹ zu weiten, die durch den gigantischen *Rhônekanal* gebildet wird. Ausgedehnte Industrieanlagen, Wasser- und Atomkraftwerke haben hier ihren Platz gefunden und die früher unbedeutenden Orte Donzère und Mondragon weithin bekannt gemacht.

Geschichte Die Bischofsstadt Viviers wurde im 5. Jh. am Ort eines römischen Kastells gegründet. Das Bistum war einst, nach Lyon, das größte und mächtigste im Rhônetal. Die fortifikatorische Bedeutung der Lage ist ohne weiteres ersichtlich. Viviers war Brückenkopf des Deutschen Reiches gegen die Herrschaftsansprüche des Königs.

Auf hohem Bergsporn wacht die Kathedrale über das Tal und eine heute fast ausgestorbene Altstadt, die sich aufgrund gezielter konservatorischer Bemühungen allmählich wieder mit Leben füllt. Unten im Tal entstand eine gesichtslose *Neustadt*.

Besichtigung Eine steile Auffahrt führt zur **Cathédrale St-Vincent** hinauf (Parkmöglichkeit). Blickt man von der dortigen Terrasse nach Norden und Osten, so öffnet sich ein unvergleichliches *Panorama*. Man schaut auf die Ebene von Montélimar hinunter, sieht das Kraftwerk Châteauneuf, den Mont Ventoux [Nr. 17], bei klarem Wetter sogar die Alpen. Die *erste Kathedrale* wurde in merowingischer Zeit (6. Jh.) errichtet. Vom 1119 durch Papst Calixtus II. geweihten romanischen Neubau, einer dreischiffigen Basilika, sind allein der frei stehende, wehrhafte **Turm** mit der Michaelskapelle und die Grundmauern des Langhauses erhalten. Die **Vorhalle**, die Turm und Kirche verbindet, stammt aus dem 14. Jh.; 1517 ließ Bischof Claude de Tournon den Chor in prächtigen Flamboyant-Formen erneuern. Nach den Zerstörungen der Religionskriege (1567) wurde die Kirche zunächst provisorisch

Vorhergehende Doppelseite: *Malerischer Anblick und herrliche Aussicht – Bonnieux in der Berglandschaft des Lubéron*

Strategisch günstig: die einstige Bischofsstadt Viviers mit der wehrhaft anmutenden Cathédrale St-Vincent liegt auf einem Bergsporn hoch über dem Rhônetal

eingedeckt, im 18. Jh. dann mit einer neuen Wölbung versehen. Aus dieser Zeit stammen auch die Gobelins und das geschnitzte Chorgestühl.

Im Ort ist vor allem die **Maison des Chevaliers** in einer Seitenstraße der Grande Rue bemerkenswert. Die skulpturale Dekoration der Fassade (1546) macht diesen Bau zu einem der schönsten Privathäuser Frankreichs.

2 St-Montant

Der ehemals verlassene und verfallene ›Bourg‹ ist wieder belebt worden.

Auf dem Weg nach Süden (N 86) lohnt ein Abstecher nach dem nur wenige Kilometer landeinwärts gelegenen St-Montant. Der kleine, befestigte Ort, ein typischer **Bourg**, wie er sich häufig im Mittelmeerraum findet (ital. ›Borgo‹, span. ›Burgo‹), kristallisiert sich gleichsam aus dem Felsen heraus und gipfelt in einer imponierenden **Burganlage**. Natur und Architektur bilden eine Einheit, nicht zuletzt auch durch das warme Gelb des örtlichen Steins.

Auch hier hat sich in der Talsohle eine *neue Ortschaft* entwickelt, während man den **historischen Kern** dem Verfall überließ. Erst in jüngster Zeit hat eine private Initiative St-Montant wieder zu neuem, bemerkenswerterweise keineswegs touristisch oder kommerziell motiviertem Leben erweckt.

Unterhalb des Ortes teilt sich die Straße. Wo die D 190 in die D 262 mündet, führen einige kühne Kehren unmittelbar in die Bergwelt der **Ardèche** hinein. Die Kalkfelsen treten enger zusammen, die Schlucht **Gorge de la Ste-Baume** öffnet sich. Kletterer üben sich an den senkrechten Wänden hinter einer kleinen, geheimnisvollen Eremitage, deren Vorgeschichte fraglos in vorchristliche Zeit zurückreicht. Die **Kapelle**, romanischen Ursprungs, markiert einen heiligen Ort: Unter ihr entspringt eine Quelle. Ein *Altar* im Freien deutet auf einstmals regen Pilgerverkehr hin. Eine Inschrift, Reste von Malerei und mehrere Sonnenuhren fesseln die Aufmerksamkeit des Besuchers.

Folgt man der Straße weiter, so gelangt man am Ende der Gorge auf der Hochfläche, rund 100 m von der Straße entfernt, zur malerisch inmitten von Wiesen gelegenen kleinen **Église de Larnas**. Die Kirche stammt aus dem 12. Jh. und sei hier erwähnt als Beispiel einer ebenso bemerkenswerten wie für die Region charakteristischen Architektur: Stereometrische Körper – Quader (Schiffe), Kubus (Vierung), Dreiecke (Giebel), Halbzylinder (Apsiden) und Achteck (Kuppel) – sind in lapidarer Klarheit einander zugeordnet. Ornamentik kommt allenfalls sparsam zum Zuge.

3 Bourg-St-Andéol

Romanische Kirche und Mithrasheiligtum.

Das große Thema der provenzalischen **Romanik** wird auch in Bourg-St-Andéol fortgeführt, das wir über die N 86 erreichen. Die Kirche beherrscht machtvoll das Stadtbild, der Spitzhelm ihres oktogonalen Turms setzt einen kraftvollen

Akzent. Der lebendige, im Ganzen nicht besonders reizvolle Ort hat noch einige weitere bemerkenswerte Bauten aufzuweisen, so u. a. die **Tour Nicolay** aus dem 15. Jh. und verschiedene **Hôtels particuliers** (Stadtpalais) aus dem 17. Jh.

St-Andéol wurde nach einem der frühesten französischen **Märtyrer** benannt, dessen Gebeine in einem spätantiken Sarkophag im Inneren der Kirche beigesetzt sind. Es scheint, dass die Wallfahrt zum hl. Andéol im 3. Jh. den lokalen Mithraskult verdrängte. Die heutige **Église St-Andéol** (Rue Frédéric Mistral), ein exemplarischer Bau der reifen provenzalischen Romanik, wurde als mächtige *Wehrkirche* unter der Regie der Abtei St-Ruf in Avignon gegen 1200 neu erbaut, wohl auf karolingischen Fundamenten. Auf der nördlich gelegenen *Place de l'Abbé* haben sich zugehörige Bauten erhalten.

Das kristalline und harmonische Zusammenspiel der gestaffelten **Baukörper** – Langhaus, Seitenschiffe, Kapellen, Querhaus, Vierungsturm, Choranlage – lässt sich am besten von Südosten aus bewundern. Straffe Gliederungselemente betonen die dynamische Vertikaltendenz, die im dreigeschossig aufragenden **Vierungsturm** gipfelt. Dessen Spitze wurde 1529 aufgesetzt, die das Straßenbild bestimmende Fassade 1717 angefügt. Das **Kircheninnere** ist ein steil dimensionierter basilikaler Raum mit Querhaus und zweigeschossig gegliederter Hauptapsis. Die Fenster waren ursprünglich kleiner. Das Mittelschiff öffnet sich in weiten Arkaden, sein Tonnengewölbe wird durch Gurtbögen rhythmisiert. Auch die Seitenschiffe sind mit Tonnen überwölbt, die polygonale Vierungskuppel ruht auf Trompen, d. h. auf Baugliedern, die über rechtwinkligen Ecken der Vierung gebaut sind.

Da ist Konzentration und Fingerspitzengefühl gefragt: beim Boule in St-Montant

Bemerkenswert sind die qualitätvollen Relief-Dekorationen der **Pfeilerkapitelle**, der prachtvolle Orgelprospekt (18. Jh.) und der **Sarkophag** des Kirchenpatrons St-Andéol in der rechten Seitenapsis. Er war ursprünglich, wie die Inschrift erläutert, dem römischen Knaben Julius Valerianus zugedacht. Die eine Seite ist noch ganz im Stil der römischen Spätantike gestaltet. Geflügelte Genien halten die Inschrifttafel, Girlanden und Früchte schmücken die Schmalseiten. Die andere Seite zeigt unter einem Flechtwerkfries offensichtlich nordischer Provenienz (8./9. Jh.) die linear stilisierten Gestalten der hll. Polycarp und Bénigne unter Arkaden, die auf gedrehten Säulen ruhen.

Wenige Schritte vom Stadtzentrum entfernt (zur N 86 in Richtung Pont-St-Esprit) wird an einem Ort von mythischer Strahlkraft die Antike in eigentümlich zeitloser Präsenz fassbar. Wieder handelt es sich um ein **Quellheiligtum**: Zwischen den beiden kristallklaren, mächtig aus dem Fels hervorbrechenden Quellen der *Tourne* hat sich ein monumentales, in den Kalkstein gehauenes **Mithrasrelief** (1,85 x 2,30 m, Ende 2. Jh. n. Chr.) erhalten. Die Felswände bilden eine Art Amphitheater. Vermutlich diente der reliefierte Fels als Rückwand eines nicht mehr erhaltenen künstlichen Grottenheiligtums.

Praktische Hinweise

Information: Office de Tourisme, place du Champs-de-Mars, Tel./Fax 04 75 54 54 20, E-Mail: otbsa@wanadoo.fr

Hotel

Moderne, avenue Félix Chalamel, Tel. 04 75 54 50 12, Fax 04 75 54 63 26. Einfaches, solides Hotel mit ebensolchem Restaurant (15. Dez. – 15. Jan. geschl., Rest. Sa mittags geschl., in der Nebensaison So abends u. Sa).

Im Tricastin – Kunst der Romanik, Landschaft der Trüffel und Oliven

Wer das mit Bourg-St-Andéol so eindrucksvoll angeschlagene Thema der provenzalischen **Romanik** weiter verfolgen will, sollte beim Atomkraftwerk Pierrelatte Fluss und Kanal überqueren und in der benachbarten Region Tricastin die Kirchen von **La Garde-Adhémar**, **St-Paul-Trois-Châteaux** und **St-Restitut** besuchen – drei Kleinodien herausragender romanischer Architektur und zugleich drei recht verschiedenartige Prototypen, deren Varianten man im weiteren Reiseverlauf immer wieder begegnet.

Von hier aus bieten sich unterschiedliche, aber durchweg reizvolle **Routen** an: über *Grignan* nach *Nyons* im Tal der Eygues und weiter nach *Vaison-la-Romaine* und zum *Mont Ventoux* oder entlang der Rhône nach *Orange*, eventuell mit einem Abstecher zurück auf die rechte Flussseite nach *Pont-St-Esprit*, in die *Schluchten der Ardèche* und nach *Bagnols-sur-Cèze*.

4 St-Paul-Trois-Châteaux

Die ›Hauptstadt‹ des Tricastin mit romanischer Kathedrale und Trüffel-Museum.

St-Paul-Trois-Châteaux ist die zentral gelegene ›Hauptstadt‹ des **Tricastin**, eines von mäßig hohen Bergzügen reliefierten Beckens, das im Norden vom Jabron, im Süden von der Eygues und im Westen von der Rhône begrenzt wird.

Geschichte Diese Landschaft wurde nach der römischen Eroberung (122–105 v. Chr.) zunächst von *Barry* aus regiert, einem Ort, dessen Ruinen südlich von St-Paul, bei Bollène, besichtigt werden können. Im 1. Jh. n. Chr. wurden unter *Kaiser Augustus* allenthalben in den Provinzen neue Städte gegründet, so auch das heutige St-Paul, das danach den Namen *Augusta Tricastinorum* führte und mit dem römischen Stadtrecht ausgestattet war. Der Name leitet sich vom keltischen ›Tricasti‹ (Land der weißen Steine) her und bezieht sich auf die charakteristischen Kalkmassive, die seit der Römerzeit bis ins 20. Jh. in zahlreichen Steinbrüchen ausgebeutet wurden.

Aus jener Zeit hat sich wenig erhalten, archäologisch nachweisbar sind immerhin Triumphbogen und Forum, Amphitheater, Zirkus, Thermen, Kurie und Kapitol. Bis auf geringe Reste römischen Mauerwerks in einer kleinen Sackgasse an der Westseite der *Place St-Jean* ist davon nichts mehr zu sehen. In den Jahren 253 und 407 wurde die Stadt zerstört, aus den Trümmern der Völkerwanderungszeit entstand die mittelalterliche *Bischofsstadt*. Sie wurde dem hl. Paulus geweiht und bewahrt in ihrem missverstandenen Beinamen die Erinnerung an die keltisch-römische Vergangenheit: Drei Schlösser gab es hier nie.

Besichtigung St-Paul war vom 4. Jh. bis zur Französischen Revolution Bischofssitz. Die um 1200 aus dem hellen Kalkstein der Gegend erbaute, mächtig aufragende **Cathédrale St-Paul** im Zentrum bestimmt majestätisch das Stadtbild, das außer den Resten seiner mittelalterlichen Befestigung noch manch schönes Gebäude bewahrt hat. Der *Haupteingang* der dreischiffigen Basilika befindet sich, von einer mächtigen Torhalle überwölbt, in der Mitte der Südseite. Das Tympanon mit der ›Anbetung der Weisen‹ (1561) wurde durch die Hugenotten zerstört. Rechts schließt sich die *Sakristei* an, 1460 als Kapelle erbaut. Hier wird heute der *Kirchenschatz* gezeigt. Die beiden Apsiden sind unmittelbar an das mächtig aufragende, blockhafte *Querhaus* angefügt; die größere in der Mittelachse wird durch Pfeilervorlagen polygonal rhythmisiert. Über der Vierung erhebt sich ein malerisch-asymmetrischer *Glockenturm* mit großen, reich gegliederten Fensteröffnungen.

Im **Inneren** ist das *Gewölbe* beachtenswert: Anders als in Bourg-St-Andéol [Nr. 3] sind die schmalen Seitenschiffe mit Halbtonnen überwölbt, ein Verfahren, das in der Provence häufig Anwendung fand. Die mächtige Tonne des Mittelschiffs wird durch Gurtbögen gegliedert. Sie ruhen – auch dies ist ein für die Provence charakteristisches Motiv – auf kleinen, ornamentierten Halbsäulen, die, den Wandvorlagen vorgesetzt, hoch oben den Pfeilerkapitellen entwachsen. Außer dem Adel der Proportionen und der hohen Qualität der Bauskulptur, man beachte das **Jüngste Gericht** am Mittelpfeiler der Nordseite, sind insbesondere die Reste der **Wandmalereien** des 14. und 15. Jh. sowie der sehr schöne Orgelprospekt von 1704 (von Charles Bisselin aus Avignon) erwähnenswert.

Gegenüber der Kirche bietet die **Maison de la Truffe et du Tricastin** (Tel. 04 75 96 61 29) vielfältige Informationen über den Tricastin und seine edelste gastronomische Spezialität, den schwarzen **Trüffel** (Tuber melanosporum). Der Trüffelmarkt der Gemeinde findet auf der Place de L'Esplan statt (Nov. – März So 10 – 12 Uhr).

Trüffelsuche: das Aufspüren der begehrten, edlen Pilze ist keine leichte Sache

Praktische Hinweise

Information: Office de Tourisme, place Chausy, Tel. 04 75 96 59 60, Fax 04 75 96 90 20, Internet: www.st-paul-3-chateaux-tourisme.com

Hotel

*** **L'Esplan**, place de l'Esplan, Tel. 04 75 96 64 64, Fax 04 75 04 92 36, Internet: www.esplan-provence.com. Modern eingerichtetes, angenehmes Mittelklasse-Hotel mit Restaurant.

5 St-Restitut

Ein Musterbeispiel provenzalischer Romanik.

Der malerisch auf einer Anhöhe gelegene Ort St-Restitut ist durch seine **Église romane** berühmt geworden. Die *Legende* berichtet, man habe den Turm der romanischen Kirche über dem Grab des Sidoine (ca. 430 – 479/486) errichtet, des ersten Bischofs des Tricastin, der unter dem Namen *Restitut* verehrt wird.

Die Architektur des einschiffigen Gotteshauses ist von faszinierender Klarheit. Der *Portalbau* beeindruckt durch das kontrapostische Zusammenspiel der Nischen und Vorsprünge, der hierarchisch einander zugeordneten Bögen, der Quader und Tonnen und insbesondere des beinahe griechisch anmutenden Giebeldreiecks von klassischer Schönheit. Der aufmerksame Betrachter spürt beim Anblick dieser Bauformen die ungebrochene Lebendigkeit der Antike – nicht zuletzt auch im eleganten, aus gallo-römischer Tradition erwachsenen *Baudekor*. Auffallend sind hier vor allem einige Motive orientalischer Provenienz, die wohl über die Lombardei in die Provence eingeführt wurden: Tierköpfe und apotropäische Fabelwesen, die sich hauptsächlich an den Konsolen des polygonalen Chores und am Turmfries finden. Dieser **Turm**, das Grabmonument des hl. Restitut, ist zweifellos älter als die im 12. Jh. entstandene Kirche und stammt wahrscheinlich aus dem 11. Jh.

Im Norden der Stadt, an der Straße nach St-Paul-Trois-Châteaux, ist die achteckige **Chapelle du St-Sépulchre** einen Abstecher wert. Bischof Guillaume Adhémar ließ die Kapelle 1504 auf einer markanten Bergzunge erbauen, ein später Nachklang romanischer Bautradition mit herrlicher Aussicht.

Südliches Flair: im milden Klima des Tricastin wachsen prachtvolle alte Olivenbäume

6 La Garde-Adhémar

Schloss, Michaelskirche und romanisches Quellheiligtum.

Nördlich von St-Paul-Trois-Châteaux grüßt von weitem sichtbar der Kirchturm von La Garde-Adhémar über das Land, antwortet dem ganz ähnlich gestalteten des gegenüberliegenden Bourg-St-Andéol [Nr. 3].

Der hoch gelegene, sehr gepflegte und gut restaurierte Ort war im Mittelalter ein befestigter Sitz der einflussreichen Familie Adhémar, die darüber hinaus auch ein Schloss in Grignan besaß. Das mächtige **Renaissanceschloss** freilich erinnert an seinen zweiten Namensgeber, Antoine Escalin Baron de la Garde, der sich vom einfachen Hirten über den Militärdienst zum Botschafter und General hochgearbeitet hatte.

Neben zahlreichen malerischen Aspekten bietet der Ort manche architektonische Kostbarkeit. Die bedeutendste ist die 1105 erstmals erwähnte **Église St-Michel**. Das hohe Mittelschiff, das durch je eine Apsis im Osten und Westen auffällt, wird von zwei schmalen Seitenschiffen flankiert, ein Querhaus fehlt. Die edle Bauornamentik ist ebenso hervorzuheben wie zwei römische Altarsteine, die im Eingangsbereich aufgestellt wurden.

Ausflug

Zwei Kilometer östlich (über die D 133) findet sich in einem kühlen, waldigen Tal ein Ort von bemerkenswerter spiritueller Ausstrahlung. Wieder handelt es sich um ein Quellheiligtum. Im **Val des Nymphes** (Tal der Nymphen) bewahrt die 1991 restaurierte, mit einer Holztonne geschlossene Ruine der **Chapelle Notre-Dame du Val-des-Nymphes** (12. Jh.) die kultische Tradition einer vorchristlichen Zeit. Landschaft und Architektur verbinden sich zur Einheit. Sehr schön ist die *Giebelfront*; die schlichte zweigeschossige Blendarkatur der Apsis gehört zu den stärksten Eindrücken romanischer Architektur der Provence. Zerstört wurde die Kapelle in den Religionskriegen. Schon vorher hat man mit mächtigen Strebepfeilern die Statik gesichert. Ein Vorgängerbau wurde 1059 erwähnt.

Praktische Hinweise

Restaurant

L'Absinthe, place G. Perriod, La Garde-Adhémar, Tel. 04 75 04 44 38. Rustikales Gasthaus, Spezialität ist Ziegenkäse.

7 Notre-Dame-d'Aiguebelle

Kloster der Trappisten von Aiguebelle.

Vom Rhônetal bis Nyons [Nr. 10] steigen die Berge rasch auf Höhen von 1000 m und mehr an. Das südfranzösische Voralpenland ist reich an landschaftlichen Schönheiten, bizarren Gebirgsformationen und lohnenden Ausblicken. Ausgedehnte, menschenleere Wälder wechseln mit duftenden Lavendelfeldern, uralte pittoreske Ortschaften türmen sich auf steilen Felsen, mächtige Ruinen künden von einer bewegten Vergangenheit.

In der Abgeschiedenheit von Notre-Dame-d'Aiguebelle (an der D 550 im Tal der Vence) beten und arbeiten die Mönche der **Abbaye d'Aiguebelle**. Die 1137 gegründete Abtei wurde 1791 in der Revolution aufgehoben, bereits 1815 aber wieder zu neuem Leben erweckt. Die Architektur von Kloster und Kirche spiegelt diese Geschichte wider. Das *Kloster* ist eines der wenigen heute noch bzw. wieder existierenden der strengen, reformierten Observanz der Zisterzienser von La Trappe, der sog. *Trappisten*.

Nicht zu verachten übrigens ist der Likör, der im Kloster verkauft wird. In dem kleinen Lädchen im Eingangsbereich werden auch köstlicher Honig und andere Produkte der Gegend angeboten.

8 Grignan

Das Renaissanceschloss bewahrt die Erinnerung an Madame de Sévigné.

Hoch über dem kleinen Ort Grignan erhebt sich auf gewaltigen Substruktionen der von der Ferne massig wirkende, von nah besehen aber sehr feingliedrige, fensterreiche Schlosskomplex von

TOP TIPP

Château Grignan (Juli–Aug. tgl. 9.30–11.30 und 14–18, Nov.–März Mi–Mo 9.30–11.30 und 14–17.30 Uhr, Juli/Aug. Führungen in deutscher Sprache Mo 11, Sa 11 und 14.30 Uhr). Führungen durch das 1545–58 erbaute **Schloss** (verändert 1668–90) machen mit seiner Geschichte und der der Familie Adhémar bekannt, die wohl schon im 11. Jh. hier ansässig war. Zu sehen sind neben Ehrentreppe und getäfelter Galerie die mit alten Möbeln und Wandteppichen prachtvoll ausgestatteten Räume, zu denen auch das Kabinett der Marquise de Sévigné gehört.

Man erreicht das Schloss über kleine Sträßchen, die sich am Berghang emporwinden. Dabei passiert man zunächst das **Stadttor** (12. Jh.), das heute als Uhrturm dient, dann steht man unvermutet vor der **Église St-Sauveur**. Mit dem Bau der Kirche wurde 1535 begonnen, 1539 erhielt der Gründer, Jean Delance, die päpstliche Erlaubnis, hier ein Stift einzurichten. 1568 zerstörten die Protestanten die Kirche, 1680 wurde die *Terrasse* über ihrem Dach gebaut, die sie auf eigenwillige Weise in den Schlosskomplex eingliedert. Von hier oben hat man einen prachtvollen *Blick* zu den Bergketten im Nordosten, zum Mont Ventoux [Nr. 17] und den Dentelles de Montmirail [Nr. 15] im Südosten, auf die Ebene des Comtat und die Alpilles im Südwesten sowie die Berge des Vivarais jenseits der Rhône.

Die Kirche wurde zum Teil in den Felsen hineingebaut: Die Nordseite hat keine Fenster, der nördliche der beiden **Türme** ist in seinen unteren Teilen massiv. Man betritt den Kirchenraum durch ein schönes Renaissanceportal. Das **Innere**, ein mediterraner Saal im flamboyanten Stil, beherbergt einige schöne Gemälde und eine kostbare alte Orgel, die Mittelpunkt sommerlicher Konzerte ist. Im Chor erinnert eine einfache Marmorplatte an Marie de Rabutin-Chantal, **Marquise de Sévigné**, gestorben am 18. April 1696 bei einem Besuch in Grignan. Sie war 1626 in Paris zur Welt gekommen und hatte mit 18 Jahren den ebenso verschwenderischen wie leichtlebigen Marquis de Sévigné geheiratet, der 1651 bei einem Duell ums Leben kam. Die erst 25-jährige Witwe heiratete nicht wieder. Sie widmete sich mit Hingabe, doch fern jeder literarischen Ambition,

Erlesenes Billardzimmer: in den mit prunkvollem Mobiliar ausgestatteten Räumen des Château Grignan wohnte einst die berühmte Marquise de Sévigné

Château Grignan: das machtvoll über dem Ort thronende Renaissanceschloss war im 17. Jahrhundert Inbegriff eleganten französischen Adelslebens

der Korrespondenz mit ihrer Tochter Françoise-Marguerite. Diese hatte mit 19 Jahren den Comte de Grignan geheiratet, den letzten Spross der berühmten Familie Adhémar. Die Briefe, die ihr die Marquise de Sévigné aus Paris und der Normandie nach Grignan schrieb, sind Meisterwerke der französischen Sprache.

Praktische Hinweise

Information: Office de Tourisme du Pays de Grignan, Grande-Rue, Tel. 04 75 46 56 75, Fax 04 75 46 55 89, Internet: www.guideweb.com/grignan

Hotel

TOP TIPP ******Manoir La Roseraie**, route de Valréas, Tel. 04 75 46 58 15, Fax 04 75 46 91 55. Stilvoller Luxus im Grünen: kleines, feines Landhaus inmitten eines Parks; mit Restaurant (in der Nebensaison Di/Mi geschl.).

9 Valréas

Päpstliche Enklave in den Bergen.

Der Weg nach Nyons führt über Valréas im Tal der Coronne. Die heute quirlige kleine Industriestadt wurde im 14. Jh. eine *päpstliche Enklave*, die Johannes XXII. vom Dauphin Jean II. erwarb. Trotz weiterer Landkäufe gelang es dem Papst jedoch nicht, seinen Besitz zu arrondieren: Zwischen seiner nördlichen Enklave und der päpstlichen Grafschaft Venaissin klaffte bis zum Ende der kirchlichen Herrschaft ein Streifen fremden Landes. 1791 wurde das Territorium dann nach einer Volksabstimmung Frankreich angeschlossen. Valréas wird von einer prächtigen **Platanenallee** umschlossen, die noch deutlich den Verlauf des mittelalterlichen Befestigungsgürtels erkennen lässt. Als einziger Rest blieb von ihm im Süden der Stadt die **Tour de Tivoli** erhalten.

Das Rathaus, das **Hôtel de Ville** (Sept.–Juni Mo/Di/Do–Sa 15–17, Juli/Aug. Mi–Mo 10–12 und 15–19 Uhr) im Zentrum, an der Place Aristide-Briand, ist ein repräsentatives Gebäude des 18. Jh. mit Bauteilen aus dem 15. Jh. Sehenswert ist u. a. die holzvertäfelte *Bibliothek* mit wertvollen Urkunden und Inkunabeln sowie ein Saal mit Werken des österreichischen Malers Viktor Scharf (1876–1943), der sich in Valréas niedergelassen hatte.

Einen Besuch wert sind auch an der Place Pie die romanische **Église Notre-Dame-de-Nazareth** mit einem Südportal aus dem 12. Jh., das schöne Archivolten schmücken, und einer Orgel von 1506 sowie die **Chapelle des Pénitents Blancs** (Kapelle der Weißen Büßer) mit geschnitztem Chorgestühl und Kassettendecke aus dem 17. Jh. (Führungen auf Anfrage im Office de Tourisme).

Praktische Hinweise

Information: Office de Tourisme, avenue Maréchal Leclerc, Tel. 04 90 35 04 71, Fax 04 90 35 03 60. Auskünfte zur Besichtigung der Ölmühlen.

Markt

Gemüse- und Blumenmarkt im Stadtzentrum Mi ca. 8–12 Uhr.

Hotel

****Grand Hôtel**, 28, av. Gén.-de-Gaulle, Tel. 04 90 35 00 26, Fax 04 90 35 60 93. Solides Haus mit Restaurant (22. Dez.–18. Jan. geschl., Restaurant Sa abends u. So, Mai–Aug. auch Mo geschl.).

10 Nyons

Historische Altstadt mit südlichem Flair vor imposanter Bergkulisse.

Mit einem Besuch von Nyons beschließen wir unsere kurze Erkundung des Tricastin. Die Altstadt liegt malerisch auf einer befestigten Kuppe. Die mächtigen Berge, die die Kulisse ausmachen, schützen die Stadt und garantieren so ein mildes Klima. Mediterrane Pflanzen gedeihen, Olivenhaine geben dem Ort ein südliches Gepräge.

Interessant ist das **Musée d'Olivier** (Mo–Sa 15–18, Juni–Sept. zusätzl. 10–11 Uhr) in der Allée des Tilleuls, das umfassend über Olivenöl-Herstellung informiert. In der Öl- und Weingenossenschaft **Coopérative du Nyonsais** (Place Olivier-de-Serres, BP 9; Verkauf: Mo–Sa 9.30–12 und 14–18.30, So/Fei 10–12 und 14–18 Uhr, Tel. 04 75 26 95 00) kann man die Herstellung von kalt gepresstem Öl miterleben.

Sehenswert ist auch die überdachte **Rue des Grands Forts**, die zur Schlossruine hinauf führt. Man beachte die Tour Randonne aus dem 13. Jh. mit dem filigranen Turmaufbau der 1863 darin eingerichteten Kapelle **Notre-Dame-de-Bon-Secours** und der bekrönenden Marienstatue sowie den aus dem 15. Jh. stammenden **Pont roman**. Mit einem einzigen 40 m messenden Bogen überspannt die ›Römerbrücke‹ die Eygues.

Praktische Hinweise

Information: Office de Tourisme, place de la Libération, Tel. 04 75 26 10 35, Fax 04 75 26 01 57, Internet: www.nyonstourisme.com

Hotel

*****Colombet**, 53, place de la Libération, Tel. 04 75 26 03 66, Fax 04 75 26 42 37. Zentral gelegenes Komforthotel mit Restaurant (15. Nov.–10. Jan. geschl.).

Spezialitäten rund ums Olivenöl bieten die Geschäfte von Nyons

Westlich der Rhône – historische Städte, moderne Kunst

Ein Abstecher führt kurz vor der Stadt Pont-St-Esprit noch einmal auf das westliche Ufer der Rhône, in das im Sommer von Touristen stark frequentierte Tal der **Ardèche**, dessen grandiose Schluchten unmittelbar in die Bergwelt der Cevennen hineinführen.

Diese sehr eigenständige Landschaft ist reich an Naturschönheiten, prähistorischen, aber auch historischen Sehenswürdigkeiten. Doch das großartige Tal der Ardèche umfassend zu beschreiben kann nicht Thema dieses Buches sein. Lediglich die drei Orte **Pont-St-Esprit**, die ehemalige Kartause **Valbonne** und das geschäftige **Bagnols-sur-Cèze** seien hier ausführlicher erwähnt.

11 Pont-St-Esprit

Malerische Altstadt mit historischer Rhônebrücke.

Pont-St-Esprit ist ein lebhafter Ort (9 500 Einw.), dessen historische Bedeutung aber bislang noch nicht wieder entdeckt wurde.

Geschichte Die Stadt hat ihren Namen von dem Flussübergang, der prachtvollen steinernen **Brücke Pont St-Esprit**, die hier 1265–1309 von der dem Heiligen Geist geweihten Bruderschaft der Brückenbauer errichtet wurde. Der ›Geist der Weisheit und der Stärke‹ war hier ganz offensichtlich am Werk, denn die fast 1000 m auf 25 Bögen (davon 19 original) überspannende Brücke dient noch heute dem lebhaften Verkehr zwischen den Départements Gard und Vaucluse. Die Bedeutung des Ortes wird offenkundig, wenn man sich vergegenwärtigt, dass im Mittelalter nur vier Steinbrücken über die Rhône führten: in Pont-St-Esprit, Lyon, Vienne und Avignon. Der befestigte **Handelshafen** St-Esprit war ein wichtiger Umschlagplatz zwischen Avignon und dem Languedoc, insbesondere für das Salz, das in der Camargue gewonnen wurde.

Besichtigung An der Brücke befindet sich noch das ehem. **Hôpital St-Esprit** (Heilig-Geist-Hospital). Gegenüber liegt die **Maison du Roi**, ein Adelspalais mit schönen Renaissancefenstern. Von hier aus gelangt man zur *Rhône-Terrasse* neben der gewaltigen, von innen freilich weniger imponierenden, da mehrfach zerstörten und nur in reduzierter Form wieder hergestellten Pfarrkirche **St-Saturin**. Sie ist ein demonstrativ in die Landschaft des Südens implantiertes Paradestück nordfranzösischer, königlicher Gotik (15. Jh.).

Die zugehörige **Place St-Pierre** bildet mit der gleichnamigen kuppelüberwölbten Kirche (heute profaniert) und der Barockfassade der *Chapelle des Pénitents* ein großartiges architektonisches Ensemble.

Ideales Kajakrevier mit grandioser Kulisse: das abwechslungsreiche Tal der Ardèche

Ähnliches gilt für die *Rue St-Jacques*, die hoch über der Rhône parallel zu dieser verläuft. Das ehem. Hôtel de Ville beherbergt das **Musée Paul Raymond** (Juni–Sept. Di–So 10–12 und 15–19, März–Mai Mi/Do/So 10–12 und 14–18 Uhr, Febr. geschl.) mit einer Werkschau des russischen Malers *Benn* (1905–1989), der seit 1929 in Paris tätig war. In derselben Straße, in der eindrucksvollen *Maison de Chevalier* aus dem 12./16. Jh. zeigt das **Musée d'Art sacré du Gard** (Di–So 10–12 und 14–18, Juli/Aug. Di–So 10–19 Uhr, Febr. geschl.) eine Sammlung kirchlicher Kunst, darunter den ›Engelsturz‹, gemalt 1510 von Raymond Boterie für die Kartause von Villeneuve-lès-Avignon, sowie die Nachbildung der Heilig-Geist-Apotheke mit bemerkenswerten Apothekergefäßen.

Attraktive Architektur zeigt auch das Hôtel de Roubin (Nr. 10) aus dem 17. Jh.

Die Höhle der Nashörner

Am 18. Dezember 1994 gelang drei Freunden, französischen Hobby-Paläontologen, im Tal der Ardèche unweit von **Vallon-Pont-d'Arc** *eine sensationelle Entdeckung: Sie fanden eine riesige, 490 m lange und bis zu 40 m breite Höhle* **La Grotte Chauvet-Pont-d'Arc** *(nicht öffentlich zugänglich), deren Wände mit zahlreichen hervorragend erhaltenen, an Qualität den berühmten Tierbildern von Lascaux und Altamira in nichts nachstehenden* **Malereien** *bedeckt sind. Die Wissenschaft hatte derart ausgereifte Zeugnisse steinzeitlicher Kreativität in dieser Gegend nicht vermutet – die bisher bekannten Beispiele fanden sich ausnahmslos im Bereich der Pyrenäen. Sensationell war die Entdeckung auch, weil Untersuchungen mit der Radiokarbon-Methode bewiesen, dass diese Malereien* **wesentlich älter** *sein mussten als alle bisher bekannten. Die Forscher hatten sie zunächst auf 4000 Jahre vor Lascaux angesetzt, heute aber steht fest, dass sie 15 000 Jahre früher, also wohl vor ca.* **30 000 Jahren**, *entstanden sind.*

Auch die Motive bieten Überraschendes: Neben Darstellungen von Hirschen, Panthern, Höhlenlöwen, Wisenten und Mammuts dominieren die von **Nashörnern** *– sie machen allein ein Viertel aller bislang registrierten 400 Bilder aus. Inzwischen steht fest, dass die Geschichte der prähistorischen Kunst zumindest teilweise neu geschrieben werden muss. Und noch immer gibt es in dieser Höhle viel zu forschen.*

Ausflug

Die Erkundung der tief ins Flusstal eingeschnittenen **Gorges de l'Ardèche** zu Wasser oder zu Lande ist von Vallon-Pont-d'Arc aus möglich (Auskunft: Office de Tourisme des Gorges de l'Ardèche, Tel. 04 75 88 04 01, Fax 04 75 88 41 09, Internet: www.vallon-pont-darc.com).

Praktische Hinweise

Information: Office de Tourisme, 1, avenue Kennedy, Tel. 04 66 39 44 45, Fax 04 66 39 51 81, Internet: www.ot-pont-saint-esprit.fr

12 Valbonne

Landschaftlich schön gelegenes Kartäuserkloster mit barocker Kirche.

Der Weg landeinwärts über die D 23 führt durch ausgedehnte Wälder. Nach ca. 10 km erreichen wir Valbonne, das ›gute Tal‹. Die burgundisch gemusterten Dächer der **Ancien Chartreuse de Valbonne** – eine spätere Hinzufügung – wirken fremd im Kontext der Kunst des Midi. Das ehem. Kartäuserkloster liegt einsam zwischen sanften Höhenzügen, die die grandiosen Täler der Ardèche und der Cèze mit ihren Kaskaden und Schluchten voneinander trennen.

Man betritt das Kloster durch ein königliches Portal, der Hof ist ein **Cour d'honneur**; das Bild bestimmen Bauten des 17. und 18. Jh., die nach den Zerstörungen der Religionskriege ausgeführt wurden. Aus der Gründungszeit, dem 13. Jh., hat sich allein der Kleine Kreuzgang erhalten.

Kartäuserklöster – der Orden wurde von Bruno von Köln (1032–1101) gegründet und 1176 vom Papst bestätigt – vereinen die beiden diametral voneinander verschiedenen *Grundtypen mönchischen Lebens*: das Eremitentum und das gemeinsame Leben (Vita communis).

Der **Kleine Kreuzgang** verbindet, wie in allen Klöstern, die Orte der Gemeinschaft: Kirche, Kapitelsaal, Refektorium;

Klösterliche Idylle mit burgundischen Anklängen: die abgeschieden gelegene Ancien Chartreuse de Valbonne mit ihren bunt gemusterten Dächern

der verglaste **Große Kreuzgang** führt zu den in dieser Spätzeit vergleichsweise komfortabel ausgestatteten **Eremitagen** der Mönche. Eine dieser Zellen ist stilgerecht restauriert und eingerichtet und dokumentiert das mönchische Leben jener Zeit. 13 Zellen gehören zum **Hotel** des Klosters (Tel. 04 66 90 41 24, Internet: www.chartreusedevalbonne.com).

Die **Kirche** imponiert durch reiche, dennoch verhaltene barocke Ausstattung. Zum Kloster gehört auch eine 16 ha große Domäne – man kauft hier einen ganz vorzüglichen und preiswerten Rosé.

13 Bagnols-sur-Cèze

Moderne Kunst im historischen Rathaus.

Bagnols, eine geschäftige Kleinstadt mit rund 18 500 Einwohnern, wurde Anfang des 20. Jh. fast durch Zufall zu einem Ort, der unter Kunstfreunden aufgrund seines **Musée d'Art Moderne Albert André** (Di–So 10–12 und 14–18, Juli/Aug. 10–12.30 und 14–18.30 Uhr, Febr. geschl.) als Highlight gilt. Als dem Maler *Albert André* im Jahr 1917 das Direktorenamt des Museums angetragen wurde, drängten ihn Freunde, dieses Angebot anzunehmen. Besagte Freunde, Renoir, Bonnard, Boudin, Dufy, Matisse, Picasso, Vuillard, van Dongen, Marquet, Vallotton und andere Künstler der *Klassischen Moderne*, schenkten ihm Arbeiten aus eigener Produktion. Die **Sammlung** wurde noch bereichert durch die Stiftung von George und Adèle Besson mit Werken des Impressionismus und Postimpressionismus. 1977 wurden 16 der wertvollen Gemälde gestohlen, aber dennoch lohnt sich der Besuch des Museums, das im 2. Stock des ehem. Hôtel de Ville aus dem 17. Jh. an der Place Mallet im Zentrum untergebracht ist.

Die Fundstücke eines Archäologen des 19. Jh. aus der Region präsentiert das **Musée Léon Alègre** (Do–Sa 10–12 und 14–18, Juli/Aug. 10–12 und 15–19 Uhr, Febr. geschl.) in der Maison Jourdan (24, avenue Paul Langevin) am nördlichen Altstadtrand. Ein Gang durch die mittelalterlichen Gassen und über die attraktiven Boulevards des 19. Jh., die dem Verlauf der einstigen Stadtmauer folgen, runden diesen Besuch ab.

Praktische Hinweise

Information: Office de Tourisme, espace St-Gilles, avenue Léon Blum, Tel. 04 66 89 54 61, Fax 04 66 89 83 38, Internet: www.ot-bagnolssurceze.com

Hotel

******Château du Val de Cèze***, 69, route d'Avignon, Tel. 04 66 89 61 26, Fax 04 66 89 97 37, Internet: www.sud-provence.com. Angenehmes Haus mit Komfort, Park und Schwimmbad (15. Dez.–2. Jan. geschl.).

Courgettes
5F80
Oignons
5,50
9,00
Cintra

Im Comtat Venaissin – wo sich schon Römer und Päpste wohl fühlten

Der Comtat (Grafschaft) Venaissin, umfasst die größte, fruchtbarste sowie von Klima und Vegetation her am südlichsten wirkende Ebene des Rhônetals. Künstlich bewässerte Kalkböden, die von den Flüssen Ouvèze, Sorgue und Durance durchzogen werden, haben eine weite und reiche **Gartenlandschaft** hervorgebracht, die ganz Frankreich mit Obst und Gemüse versorgt.

Dieser paradiesische, von markanten **Gebirgszügen** umzäunte Garten gehörte seit 1274 den *Päpsten*, die ihn nach den Albigenserkriegen aus tolosanischem Besitz übernommen hatten. Erst 1663 mussten sie ihn an Frankreich abtreten. Noch später, 1713, fiel die Enklave **Orange** an Frankreich, die seit dem 13. Jh. selbstständig war, 1791 schließlich auch Avignon, womit die Annexion der Provence durch Frankreich ihren Abschluss fand. Die Grafschaft war also im Besitz des Heiligen Stuhls, lange bevor die Päpste **Avignon** zu ihrer Residenz machten. Die Wahl gerade dieser Stadt, die ja nicht ohne politischen Druck vonseiten Frankreichs vollzogen wurde, hängt zweifellos damit zusammen, dass die Päpste hier eigenen Besitz hatten. Erst 1348 freilich gelang es Clemens VI., seine Residenzstadt von Johanna von Neapel, der Gräfin der Provence, zu erwerben, und damit das Territorium des ›Französischen Kirchenstaats‹ abzurunden. Hauptstadt des päpstlichen Venaissin war **Carpentras**.

14 Orange

Plan Seite 32

Lebendige Stadt mit gut erhaltenen Monumenten der römischen Vergangenheit.

Im Norden der Stadt, die seit dem Jahr 1984 UNESCO-Weltkulturerbe ist, steht an der römischen Via Agrippae, heute Avenue de l'Arc-de-Triomphe, der prachtvolle und gewaltige **Arc commémoratif municipale**. Der Volksmund bezeichnet ihn als Arc-de-Triomphe, doch die neuere Forschung deutet ihn als Stadtgründungsmonument, als Manifest der Gründung des römischen *Arausio*, errichtet zwischen 21 und 26 n. Chr.

Geschichte Die Via Agrippae führte von Lyon nach Arles und war eine der wichtigsten Verkehrsverbindungen der Provinz. In Orange wurden die Veteranen der siegreichen 2. Legion Caesars angesiedelt. Die Stadt erhielt den offiziellen Namen *Colonia Iulia Secundanorum Arausio* und hatte damals etwa doppelt so viele Einwohner wie heute, d.h. über 50 000. Sie besaß alles, was zu einer römischen Colonia gehörte: Theater, Zirkus, Stadion, Tempel und Thermen. Einiges hat sich bis heute erhalten, vieles ist unter späterer Überbauung verborgen.

Der Unterwerfung Galliens war unmittelbar zuvor eine weitere *Heldentat der Legion* vorausgegangen: Im Jahre 49 v. Chr. wurde Massalia, das heutige Marseille [Nr. 45], von Caesar erobert. Zwar waren die im Landkampf trainierten Römer den Navigationskünsten der seefahrenden Griechen nicht annähernd gewachsen, doch gelang es ihnen, die Schiffe der Feinde so zusammenzudrängen, dass sie an Bord klettern und auf bewährtem ›festem‹ Boden die Griechen besiegen konnten. So verweisen denn auch in Orange, mitten im Land, verschiedenste Schiffsembleme auf Roms unbesiegbare Macht auch auf dem Meer.

Der **Sieg von Arausio** tat dem römischen Selbstbewusstsein gut, fand er doch an einem Ort statt, der sich zuvor mit der Erinnerung an eine katastrophale Niederlage ins Gedächtnis der Römer eingeschrieben hatte: 105 v. Chr. kapitu-

◁ **Oben:** *Malerische Farbenkraft – blühendes Mohnfeld bei Orange*
Unten: *Robuste Stärke – die alte Stadtmauer in Avignon*

lierte hier deren Armee vor den Cimbern und Teutonen. Es soll rund 100 000 Gefallene gegeben haben.

Germanen waren es auch, Alemannen und Westgoten, die 412 der römischen Herrschaft ein Ende bereiteten. Karl der Große (768–814) unterstellte die Stadt einem örtlichen Grafengeschlecht, aus dem zumindest ein Name im Gedächtnis geblieben ist: Guillaume au Nez Court (›Wilhelm Kurznase‹), dessen Siege über die Sarazenen in den Epen ›Chansons de Geste‹ besungen werden.

Im 13. Jh. bildete sich in Orange als Enklave im Comtat Venaissin ein kleines **Fürstentum**, das über Les Baux und Chalon schließlich an das Haus Nassau kam. Das heutige niederländische Königshaus führt seinen Ursprung auf die Dynastie von Orange zurück.

Orange selbst wechselte noch mehrmals seine Herren, bevor es 1713 im **Frieden von Utrecht** vom preußischen König endgültig an Frankreich abgetreten wurde.

TOP TIPP

Besichtigung Von Oranges römischen Bauten ist der **Arc-de-Triomphe** ❶ der bedeutendste. Er folgt dem Schema dreitoriger römischer Triumphbögen, für das er eines der frühesten Beispiele darstellt. Allerdings hat sich das Bauwerk keineswegs so unversehrt erhalten, wie es heute scheint. Es wurde vielmehr häufig verändert, war zeitweilig Teil eines Wehrturms und wurde erst im 18. und 19. Jh. wieder in seinen ursprünglichen Zustand zurück versetzt. Das eindrucksvolle Programm der **Reliefs** plakatiert ein politisches Konzept: Sieg und Macht der Römer werden in dramatischen, realistischen Szenen dargestellt. Kämpfe zwischen *Galliern* und Legionären, gefesselte Gefangene, Trophäen aller Art, aber auch Zeichen der Befreiung, eines neuen Anfangs, Blumen und Früchte, füllen die Bildfelder, die durch einen klar definierten architektonischen Rahmen umgrenzt sind. Die gestaffelte Dreiergruppe der **Bögen**, die den mittleren Bogen krönende **Ädikula**, rhythmisch hervortretende Sockel, die korinthische Säulen tragen, Gebälk mit Figurenfries, Attika – in exemplarischer Reinheit und Harmonie steht das *architektonische System* vor uns, das über Renaissance, Barock und Klassizismus bis hin zur Postmoderne die abendländische Baukunst bestimmt.

Neben dem Arc ist vor allem das **Théâtre antique** ❷ (tgl. 10–18 Uhr) von herausragender Bedeutung. Es gilt als das schönste und besterhaltene der römischen Welt. Nicht nur die teilweise in den Hang hinein gebauten Ränge sind noch zu sehen, sondern auch die **Bühnenwand**, deren 103 m lange und 37 m hohe Rückseite Ludwig XIV. als die »schönste Mauer seines Königreiches«

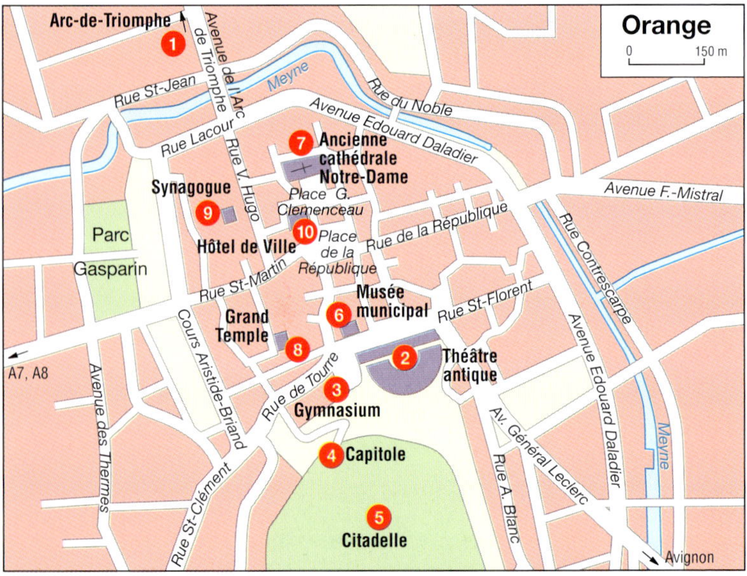

Antikes Erbe: anlässlich der Stadtgründung von Orange um 21–26 n. Chr. entstand der imposante Arc-de-Triomphe, dessen Reliefs die römische Militärmacht verherrlichen

bezeichnete. Natürlich war diese Wand – wie auch ihre Innenseite – kostbar mit Mamor inkrustiert. Ein Portikus empfing die Besucher, im oberen Bereich der Mauer sieht man noch die konsolenartigen Halterungen für die Stangen, an denen die gewaltigen Sonnensegel befestigt wurden. Das **Innere** der Bühnenwand mit den Durchgängen, Nischen, Kammern und Kulissenräumen vermit-

An den Erbauer Augustus, dessen Statue noch heute die Bühnenwand dominiert, erinnert das ausgesprochen gut erhaltene Théâtre antique von Orange

telt heute noch eine Vorstellung von seiner einstigen Pracht. Steinerne *Figuren* bildeten den Hintergrund für die lebenden Akteure eines heiligen Spiels, in dessen Mittelpunkt steht, als einzige Skulptur der Schauwand erhalten, die *Statue des Kaisers*, die wohl den göttlichen Augustus darstellt. Heute ist das Theater im Sommer Bühne für Opernaufführungen.

Aus der Zeit des Augustus (31 v. Chr. – 14 n. Chr.), einer Blütezeit des Friedens, der Prosperität und der Kultur gerade auch in der Provence, stammen sowohl das Theater als auch der mächtige **Temple**, dessen Fundamente unmittelbar westlich des Theaters erhalten sind. Er gehörte zu einem heute großenteils überbauten riesigen **Gymnasium** 3, einer antiken Sportstätte also, die eine Länge von 400 m aufwies. Die ebenfalls in den Berghang hinein gebaute apsidenartige Rundung ist noch gut zu erkennen. Hügelaufwärts befand sich das **Capitole** 4, der Hügel selbst (Colline St-Eutrope) wurde 1622 von Prinz Mauritz von Nassau mit einer mächtigen **Citadelle** 5 überbaut.

Das **Musée municipal** 6 (April–Sept. tgl. 9.30–19, sonst 9.30–12 und 13.30–17.30 Uhr) schräg gegenüber dem Eingang zum Theater ist in einem ehem. Stadtpalais untergebracht – man beachte das schöne Treppenhaus! Das Stadtmuseum bewahrt eindrucksvolle alte Ansichten der einst imponierenden, auf Befehl Ludwigs XIV. geschleiften Anlage.

Einen Besuch wert ist die **Ancienne cathédrale Notre-Dame** 7 (tgl. 8–17 Uhr), die 1208 in Gegenwart des Grafen von Les Baux geweiht wurde. Sie wurde 1561 durch die Hugenotten zerstört, jedoch im 17. Jh. wieder aufgebaut. Vom Typus her schließt sie sich an die Kathedrale von St-Paul-Trois-Châteaux [Nr. 4] an, die Einrichtung stammt aus dem 18./19. Jh.

In einer Seitenstraße der Rue St-Martin steht der sehenswerte **Grand Temple** 8 der Protestanten von 1698. Unter den Fürsten von Nassau war Orange ein Zentrum des Protestantismus. Heute dient das Gebäude als Konzertsaal. Interessant sind auch die **Synagogue** 9, die im 19. Jh. im ehem. Hôtel de Raffaelis eingerichtet wurde, das **Hôtel de Ville** 10 aus dem 14./15. Jh. und etliche *Hôtels particuliers* (Stadtpalais) des 17. und 18. Jh.

Dinieren in gediegenem Ambiente: Restaurant Le Parvis in Orange

Praktische Hinweise

Information: Office de Tourisme, 5, cours Aristide Briand, Tel. 04 90 34 70 88, Fax 04 90 34 99 62, Internet: www.provence-orange.com

Hotels

Arène, place de Langes, Tel. 04 90 11 40 40, Fax 04 90 11 40 45, Internet: http//:avignon-et-provence.com/hotel-arene. Sehr komfortables, ruhiges Altstadthotel (8. Nov. – 1. Dez. geschl.).

Le Glacier, 46, cours Aristide Briand, Tel. 04 90 34 02 01, Fax 04 90 51 13 80, Internet: www.le-glacier.com. Angenehmes Hotel im Stadtzentrum (22. Dez. – 5. Jan. geschl.).

Restaurants

Le Parvis, 3, cours Pourtoules, Tel. 04 90 34 82 00. Gemütliches Gartenlokal (9. Nov. – 2. Dez. und 26. Jan. – 3. Febr. geschl.).

Le Yaca, 24, place de Silvain, Tel. 04 90 34 70 03. Gutes, preisgünstiges Restaurant mit Gartenbewirtschaftung (Nov., Okt. – Juni Di abends und Mi geschl.).

TOP TIPP 15 Dentelles de Montmirail

Romanische Kapelle in romantischer Bergwelt.

Zu den faszinierendsten Aspekten einer Reise im Gebiet des Venaissin gehört der **Blick** auf das bizarre, alpine Profil der

Die bizarre Berglandschaft der Dentelles de Montmirail mit ihren oft eng an den Fels gebauten Dörfern hat einen ganz eigenen, herb-romantischen Reiz

Berge, besonders der Dentelles de Montmirail, das sich je nach Standpunkt und Perspektive ständig zu verändern scheint und für immer neue Überraschungen sorgt – von den unterschiedlichen Beleuchtungen und Färbungen je nach Tages- und Jahreszeit gar nicht zu reden. Eine **Wanderung** im Bereich der Dentelles lohnt allein schon wegen der großartigen Aussicht und der duftenden mediterranen Vegetation, die sich besonders schön zur Zeit der Ginsterblüte im Mai und Juni präsentiert.

Aber auch zu einem architektonischen Kleinod von besonderer Schönheit, der **Chapelle Notre-Dame d'Aubune** bei *Beaumes-de-Venise*, lohnt der Weg (Schlüssel zur Kirche in der etwas unterhalb gelegenen Ferme Fontenouilles). Die Kapelle liegt auf einer kleinen Terrasse oberhalb der D 81 und ist über einen Feldweg zu Fuß zu erreichen. Auf den Höhen darüber soll Karl Martell 732 ein Sarazenenheer vernichtend geschlagen haben. Die Kirche zeigt einmal mehr die Klarheit der provenzalischen Romanik. Über der mittleren der drei *Apsiden* öffnet sich in lapidarer Einfachheit ein Rundfester. Von erlesener Schönheit ist der fein gegliederte *Turm*.

Praktische Hinweise

Restaurant

TOP TIPP **La Table du Comtat**, Séguret, Tel. 04 90 46 91 49, Fax 04 90 46 94 27, E-Mail: table.comtat@wanadoo.fr. Unweit von Notre-Dame d'Aubune und rund 10 km südwestlich von Vaison-la-Romaine findet sich in dem wunderschön gelegenen Bergort dieses bemerkenswerte Gourmet-Lokal mit prachtvoller Aussicht und hervorragender Küche. Anbei einige Fremdenzimmer (30. Nov. – 12. Dez., Febr. sowie Di abend und Mi, außerdem Okt. – März So abend geschl.).

16 Vaison-la-Romaine

Die interessanten Ausgrabungen machen römisches Leben anschaulich.

Bisher war vor allem von römischer und romanischer Architektur die Rede. Wie das eine auf dem anderen im wahrsten Sinne des Wortes ›aufbaut‹, kann man in Vaison-la-Romaine sehen.

Schon *Ligurer* wohnten hier, längst bevor die Römer ihre Herrschaft in Gallien etablierten. Der Umstand, dass die

Spaziergang durch die Römerzeit: das Ausgrabungsgelände der Ruines romaines in Vaison-la-Romaine vermittelt einen faszinierenden Eindruck von antikem Stadtleben

Einwohner im Mittelalter die ausgedehnte **Römerstadt** an der Ouvèze verließen und sich jenseits des Flusses in der schützenden Bergwelt niederließen, hat es möglich gemacht, umfangreiche Grabungen durchzuführen und große Teile der Stadtanlage freizulegen. Bezeichnenderweise steht die Kathedrale des Ortes im Tal. Dorthin verlagerte sich in jüngster Zeit erneut der Siedlungsschwerpunkt, sodass Teile der Römerstadt schließlich wieder überbaut wurden.

Die romanische **Ancienne cathédrale de Notre-Dame-de-Nazareth** am Square de-la-Cathédrale ist ein dreischiffiger, von einer Spitztonne überwölbter Bau ohne Querschiff, mit einer polygonalen Vierungskuppel, die auf Trompen mit Evangelistensymbolen ruht.

Von außen kann man im unteren Bereich des **Chores** gut sehen, wie allerlei *Bauschutt der Römerzeit* – Säulenfragmente, Kapitelle, Gebälkstücke – zur Fundamentierung herhalten musste. Der Chor, von außen ein rechteckiger Block, umschließt im **Inneren** eine halbrunde Apsis mit umlaufender Bank und Bischofsthron in der Mittelachse. Auch bei der Ausstattung kamen ältere Bauelemente zur Wiederverwendung, z. B. antike Säulen und Teile von Chorschranken, die in Boden und Wände eingefügt wurden. Die Grabdenkmäler im Chor stammen aus dem 15. Jh., der stimmungsvolle Kreuzgang wurde im 11./12. Jh. errichtet.

In der Nähe fällt die aus derselben Zeit stammende **Chapelle St-Quentin** (Avenue St-Quentin; Besichtigung auf Anfrage im Office de Tourisme) durch den eigentümlichen Grundriss ihres Chors auf. An das dreijochige Schiff (1630–36 im alten Stil erneuert) hat man ein massives Querhaus angefügt, in das ein trapezförmiges Chorjoch mit schräg ansetzenden Apsiden ›eingehöhlt‹ wurde. Auch die daran angeschlossene polygonale Hauptapsis tritt als solche nur im Innenraum in Erscheinung, außen dagegen wird sie von einem großen Dreieck umfangen.

TOP TIPP Ruines romaines

Die Ruines romaines, ein rund 13 ha großes Ausgrabungsgelände (tgl. 9–12 und 14–17 Uhr), bestehen aus zwei Bereichen, die durch die Avenue Général de Gaulle getrennt werden: Westlich von ihr befindet sich das Quartier de la Villasse, nordöstlich das Quartier de Puymin mit dem Museum und dem in den Hang hinein gebauten Theater.

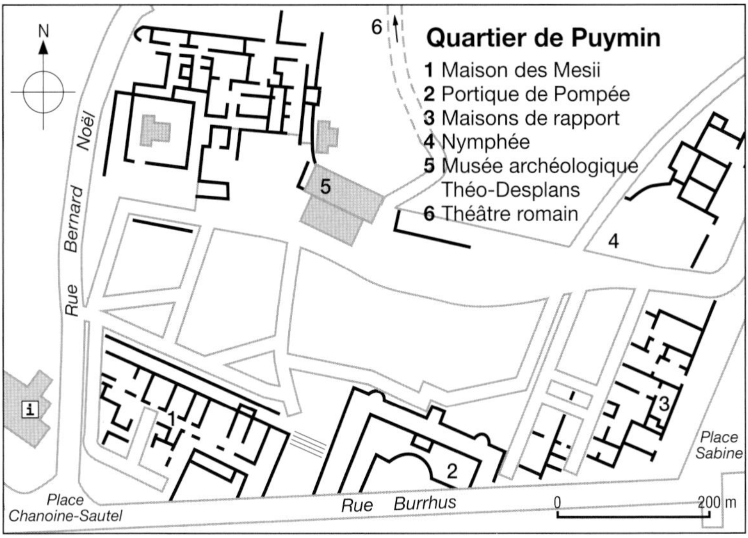

Der Zugang zum **Quartier de Puymin** erfolgt von der Place Chanoine-Sautel aus. Sie ist benannt nach dem gelehrten Kanoniker, der 1907 mit den Grabungen begann. Man betritt zunächst die **Maison des Mesii** [**1**], ein luxuriöses Patrizierhaus mit Mosaikfußböden, um dessen Atrium (mit einem Sammelbecken für Regenwasser) sich verschiedene, in ihrer Funktion klar definierte Räume gruppieren, u. a. Empfangsraum, Arbeitszimmer, Küche und Bad.

Es folgt der nur teilweise freigelegte, da von der Rue Burrhus überbaute **Portique de Pompée** [**2**]. Der Säulenhof des Pompeius ist eine Art öffentlicher Park, in dem einst eine römische Kopie des berühmten ›Diadumenos‹ von Polyklet stand. Sie wurde im 19. Jh. an das British Museum in London verkauft und wurde ihrerseits durch eine Kopie ersetzt.

Es schließen sich die **Maisons de rapport** [**3**] an, Mietshäuser, deren Mauerstärke auf die ursprüngliche Bauhöhe mit mehreren Stockwerken hinweist, und weiter nördlich die Ruinen einer **Nymphée** [**4**], einer Quelle mit Resten eines Wasserturms (Nymphäum).

Bevor man auf dem Rundgang das **Musée archéologique Théo-Desplans** [**5**] (Juni–Aug. tgl. 10–13 und 14.30–19, März–Mai und Sept./Okt. bis 18, im Winter Mi–Mo 10–12 und 14–16.30 Uhr, Nov.–April Di vormittags geschl.) erreicht, zweigt rechts ein Weg mit Tunnel ab, der zum **Théâtre romain** [**6**] führt. Das römische Theater ist mit rund 7000 Plätzen etwas kleiner

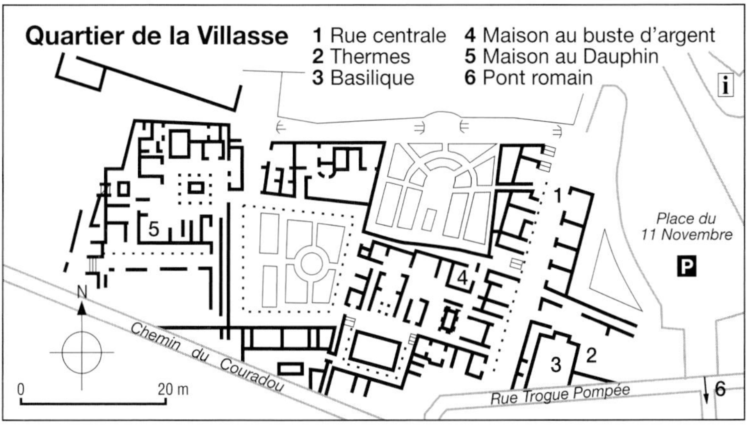

Orange, entspricht diesem aber in der Gesamtanlage und vielen Details. Die Statue des Kaisers Tiberius, in dessen Regierungszeit (14–37 n. Chr.) es entstand, beherrschte das Bühnenhaus. Sie ist heute im Museum zu sehen, neben anderen, z. T. ganz hervorragenden Skulpturen und Gebrauchsgegenständen.

Im **Quartier de la Villasse** ist vor allem die **Rue centrale** [**1**] bemerkenswert. An ihrem Ende sind die **Thermes** [**2**] und die **Basilique** [**3**] zu sehen, weiter westlich die **Maison au buste d'argent** [**4**], das Haus der Silberbüste, ein weiteres vornehmes Atriumhaus mit Peristyl, Garten und Wasserbecken. Die hier gefundene Büste ist eine der Hauptattraktionen des Museums. Private Bäder (mit Abwasserkanal!) und die **Maison au Dauphin** [**5**], das Haus des Delphins, schließen sich an. Der Weg in die Oberstadt führt über den **Pont romain** [**6**]. Mit einem einzigen kühnen Bogen überspannt die römische Brücke die Ouvèze.

Praktische Hinweise

Information: Office de Tourisme, place du Chanoine-Sautel, Tel. 04 90 36 02 11, Fax 04 90 28 76 04, Internet: www.vaison-la-romaine.com

Hotel

TOP TIPP ***Le Beffroi**, rue de l'Evêché, Haute Ville, Tel. 04 90 36 04 71, Fax 04 90 36 24 78, Internet: www.le-beffroi.com. Hinreißend schönes Hotel in der Oberstadt in einem Bau des 16. Jh., mit Antiquitäten und prächtiger Aussicht. Sehr unterschiedliche Preise, je nach Größe und Ausstattung der Zimmer (20. Jan. – 20. März geschl.).

Panorama in stürmischer Höhe: am Gipfel des Mont Ventoux weht ein frischer Wind

Restaurant

Le Bateleur, place Th.-Aubanel, Tel. 04 90 36 28 04. Kleines, gutes Restaurant am Pont romain (15. Nov.– 15. Dez., So abends u. Mo geschl.).

TOP TIPP 17 Mont Ventoux

›Berg der Winde‹ – der Hausberg der Provence.

Der **höchste Berg** der Provence kann zwar mit den Gipfeln der voralpinen Haute Provence nicht konkurrieren, doch in Relation zur ihn umgebenden Landschaft setzt er mit 1909 m einen majestätischen Akzent. Von den verschiedenen Seiten her ergeben sich immer neue und unterschiedliche Perspektiven, gleichwohl beherrscht die gewaltige **pyramidale Spitze** das Bild. Im Winter bedeckt Schnee den Gipfel, im Sommer trägt der Berg oft eine kleine Wolke, die ihm das Aussehen eines Vulkans gibt.

Eine **Wanderung** zum Gipfel ist, namentlich im Frühsommer, wenn alles blüht, ein unvergessliches Erlebnis – nicht zuletzt wegen der hochinteressanten Flora, zu der mediterrane und in höheren Lagen arktische Moose und Flechten gehören, und wegen der überwältigenden Aussicht.

Es gibt zwei Auffahrten zum Gipfel. Die eine führt von Süden her über Bédoin, St-Estève und Chalet-Reynard, die andere von Norden über **Malaucène**, die einstige Sommerresidenz Papst Clemens' V. Für die Auffahrt benutzt man am besten den Südhang, weil morgens die Luft noch frischer ist, während die Talfahrt über Bédoin den Motor weniger beansprucht. Man kann beide Routen sehr schön zu einer Rundfahrt kombinieren, zu der man sich aber einen Tag Zeit nehmen sollte.

Den Weg über Malaucène wählte der italienische Dichter *Francesco Petrarca*, als er 1336 den zu dieser Zeit äußerst gefährlichen Aufstieg wagte und seine Eindrücke in einem Bericht festhielt, der als erste Schilderung einer Bergbesteigung in die Literaturgeschichte eingegangen ist. Der **Gipfel** selbst ist heutzutage ernüchternd mit seinen Skiliften und militärischen Anlagen, aber die **Sicht** reicht an klaren Tagen bis Korsika und bis zu den Pyrenäen.

Majestätische Größe: der Mont Ventoux ist mit seinen 1909 m als höchster Berg der Provence weithin markanter Blickpunkt in einer lieblichen Hügellandschaft

Praktische Hinweise

Information: Station Mont Serein, Tel. 04 90 63 42 02, Fax 04 90 60 78 58, Internet:www.stationdumontserein.com. Hier erhält man Auskunft über den Straßenzustand und die Schneelage. Vom 15. Nov. bis 15. April ist die D 974 zwischen Chalet-Reynard und Mont Serein gesperrt.

18 Sault und Gorges de la Nesque

Olivenhaine, Lavendelfelder, Schluchten und provenzalische Weihnachtskrippen.

Eine Rundfahrt um das Massiv des Ventoux bietet neben einem vielfältigen Panorama landschaftlicher Schönheiten auch manches Bemerkenswerte aus Geschichte und Kunst.

Das Städtchen **Sault**, ein regionales Zentrum des Lavendelanbaus sowie der Produktion von Honig und Nougat, liegt hoch über dem Tal der Nesque auf einem Felsvorsprung am nordwestlichen Rand des Plateaus von Vaucluse. Von hier oben genießt man eine prächtige Aussicht. Im Ort selbst ist die romanische

Gorges de la Nesque: die windungsreiche Straße entlang der großartigen Schlucht ist für Radsportler eine echte Herausforderung

Im Zentrum des Lavendelanbaus: rund um Sault bezaubern lila leuchtende Felder ▷

Église St-Sauveur sehenswert mit ihrem tonnengewölbten Schiff (um 1200; Seitenschiffe später hinzugefügt), dem geschnitzten Chorgestühl (17. Jh.) und der typisch provenzalischen *Weihnachtskrippe*.

Unter den Schluchten, die die Flüsse der Provence in die Kalkplateaus eingegraben haben, gehören die **Gorges de la Nesque** zu den eindrucksvollsten. Vom *Roche du Cire* eröffnet sich ein grandioser Blick in die Tiefe, dann verengt sich das Tal, und die Straße (D 942 von Sault nach Carpentras) folgt in abenteuerlichen Windungen hoch über dem Abgrund dem Fluss.

TOP TIPP

Praktische Hinweise

Information: Office de Tourisme, avenue de la Promenade, Sault, Tel. 04 90 64 01 21, Fax 04 90 64 15 03, Internet: www.saultenprovence.com

Hotels

Albion, avenue Oratoire, Sault, Tel. 04 90 64 06 22, Fax 04 90 64 17 28, Internet: www.provencewebfr/84/albion. Gutes, behindertengerechtes Hotel mit Restaurant.

Mediterrane Gotik: Chor der Ancienne cathédrale St-Siffrein in Carpentras

Hostellerie du Val de Sault, route St-Trinit et route secondaire, Tel. 04 90 64 01 41, Fax 04 90 64 12 74, Internet: www.nexus4.com/valdesault. 2 km von Sault entfernt liegt das sehr komfortable und teure Hotel mit Restaurant und Garten. Blick zum Mont Ventoux.

19 Carpentras

Die Hauptstadt des Venaissin mit der ältesten Synagoge Frankreichs.

Platanenalleen umgeben den Stadtkern von Carpentras und markieren den Verlauf der ursprünglichen Befestigung. Erhalten hat sich von dieser allerdings nur die mächtige **Porte d'Orange** an der Rue de l'Auzon aus dem 14. Jh.

Auf die römische Vergangenheit verweisen hinter dem aus dem 17. Jh. stammenden **Palais de Justice** (Justizpalast, Place du Général de Gaulle) Reste eines

Arc-de-Triomphe, eines Triumphbogens, der wohl wie der in Orange ein Stadtgründungsmonument war.

Eindrucksvoller sind die Zeugnisse der päpstlichen Zeit, insbesondere die 1405 auf Veranlassung des Gegenpapstes Benedikt begonnene **Ancienne cathédrale St-Siffrein** (Mo–Sa 9–12 und 14–18 Uhr). Die Kathedrale ist nach dem ersten Bischof von Carpentras benannt, der im 6. Jh. den Vorgängerbau der heutigen Kirche errichten ließ. Diese selbst ist ein typisches Beispiel für die weiten, einfachen Räume der mediterranen Gotik, bemerkenswert sind ihr südliches Seitenportal, die **Porte Juive** (1480) – so benannt, weil durch sie die bekehrten Juden zur Taufe geführt wurden –, sowie zwei Fensterverglasungen aus dem 15. Jh. im Chor, eine ›Marienkrönung‹ aus der Schule von Avignon (1480), eine an Bernini orientierte Strahlenglorie des Holzschnitzers Jacques Bernus sowie Gemälde von Mignard, Natoire und Parrocel (Kirchenschatz: April–Okt. Mi–Mo 10–12 und 14–16 Uhr).

Der größte Gebäudekomplex der Stadt ist das barocke **Hôtel-Dieu** (Führungen Mai–Sept. 14 Uhr, tgl. in franz. Sprache, Fr in Englisch, Tickets beim Office de Tourisme) im Süden, am Kreuzungspunkt des Boulevard Albin-Durand, der Avenue Clemenceau und der Avenue Jean-Jaurès. Antoine d'Allemand entwarf das Krankenhaus, dessen Flügel sich um drei Höfe gruppieren. Sehenswert sind die Kapelle und die alte Apotheke im Erdgeschoss mit ihrer Sammlung von historischen Fayencen.

TOP TIPP Auf keinen Fall versäumen sollte man den Besuch der **Synagogue** (Mo–Do 10–12 und 15–17, Fr bis 16 Uhr; an jüdischen Fei geschl.). Sie wurde 1741–43 an der Stelle eines Vorgängerbaus errichtet, der aus dem 14. Jh. stammte und Frankreichs älteste Synagoge war. Hier im **Getto** von Carpentras lebten vor der Revolution rund 1200

Ort der Heilung: das imponierende Barockgebäude des Hôtel-Dieu in Carpentras

Juden. Der eigentliche *Betraum* mit vollständig erhaltener Ausstattung befindet sich im 1. Stock, im Erdgeschoss hatte die Bäckerei für die ungesäuerten Brote ihren Platz, im Souterrain befanden sich die rituellen Bäder.

Es gab im Comtat Venaissin blühende *Judengemeinden*, und zweifellos ist es ein positiver Zug in der schillernden Biographie des Avignoneser Papstes Clemens VI. (reg. 1342–52), dass er den verfolgten Juden in seinem ›französischen Kirchenstaat‹ Asyl und Wohnrecht gewährte, denn er wusste sich ihrer Fähigkeiten geschickt zu bedienen.

Praktische Hinweise

Information: Office de Tourisme, place Aristide Briand, Tel. 04 90 63 00 78, Fax 04 90 60 41 02, Internet: www.ville-carpentras.fr

Hotel

****Fiacre**, 153, rue Vigne, Tel. 04 90 63 03 15, Fax 04 90 60 49 73. Stilvolle, doch preiswerte Unterkunft in der ehem. Posthalterei (ohne Restaurant).

20 Venasque

Der kleine Ort war Namensgeber für das Comtat Venaissin und besitzt ein ›Baptisterium‹, das lange als eines der ältesten christlichen Bauwerke in der Provence galt.

Wir wählen die D 4, die von Carpentras nach Südosten auf das Plateau von Vaucluse hinaufführt. Auf dieser landschaftlich außerordentlich reizvollen Route er-

In seinem Erhaltungszustand beeindruckend: Betraum der Synagogue von Carpentras

reichen wir nach 12 km wieder die Nesque und hoch über ihr das verwegene Bergnest Venasque.

Der Name des römischen *Venasca* soll auf die Liebesgöttin Venus zurückgehen, der einst an der Stelle des späteren sog. Baptisteriums ein Tempel geweiht war. Nach Venasque, in die uneinnehmbare Bergwelt, flüchteten die Bischöfe von Carpentras, als die Franken im 5. Jh. die Provence eroberten, und auch im 6. Jh., als Sarazenen und Langobarden das Land überfielen. So blieb Venasque bis ins 10. Jh. Bischofssitz.

Anmutig ist der Ort mit seinen engen, verwinkelten Gassen und der **Église Notre-Dame** (13.–18. Jh.). Sehenswert sind in der 2. Kapelle links ein Kreuzigungsbild der *Schule von Avignon* sowie im Chor ein barockes Tabernakelrelief mit Emmaus-Szene.

Vermutlich war der Vorgängerbau dieses Gotteshauses die ehem. Kathedrale. Zu dieser gehörte das unmittelbar neben der Kirche liegende **Baptistère** (7. April – 12. Okt. tgl. 9–12 und 13–18.30, sonst 9.15–12 und 13–17 Uhr, 15.–31. Dez. geschl.). Es galt lange Zeit als eines der ältesten christlichen Bauwerke in Frankreich. Heute wird es nicht mehr ins 6., sondern ins 11. oder 12. Jh. datiert, und man vermutet auch, dass es sich hier wohl eher um eine Grab- als um eine Taufkapelle handelt. Das Baptisterium ist so in einen Komplex jüngerer Bauten einbezogen, dass es von außen nicht als eigenständige Architektur in Erscheinung tritt. Überraschend eindrucksvoll präsentiert sich das **Innere**. Der Grundriss ist ein unregelmäßiges griechisches Kreuz mit vier Apsiden, zwei davon sind hufeisenförmig und verweisen damit möglicherweise auf sarazenischen (oder westgotischen) Einfluss. Vier monumentale *römische Säulen* umstehen die Vierung, kleinere bilden Rundbogen-Arkaturen in den Apsiden. Die achteckige *Vertiefung* im Boden, die man lange Zeit für ein Taufbecken gehalten hat, scheint neueren Datums zu sein. Eine plausible Erklärung hierfür gibt es noch nicht, wie manches an diesem eigenartigen Bau noch immer ungeklärt ist. Ursprünglich hatte die Kapelle nur eine Holzdecke, im 13. Jh. überwölbte man sie mit einer Kuppel. Reste von dieser waren im 18. Jh. noch zu sehen. Bei der Wiederherstellung im 19. Jh. wurde ein einfaches Kreuzgratgewölbe eingebaut.

Es empfiehlt sich, den Weg nach Avignon über **Pernes-les-Fontaines** zu nehmen. Die Stadt, die vor dem Pariser Frieden dem Grafen von Toulouse gehörte, war zwischen 1274 und 1320, vor Carpentras also, Hauptstadt des Venaissin.

Monument provenzalischer Sakralarchitektur: Église Notre-Dame in Venasque

Demonstration der Macht: die trutzigen Mauern des Palais des Papes beherrschen bis heute das Stadtbild Avignons ▷

Im 14. Jh. wurden ihre **Befestigungsanlagen** zum Schutz gegen die ›Grandes Compagnies‹ verstärkt, die damals ganz Frankreich unsicher machten. Im Zentrum der Stadt erhebt sich die **Tour Ferrande**, ein Wohnturm aus dem 13. Jh., in dem sich historisch außerordentlich interessante, zur Zeit ihrer Entstehung höchst aktuelle *Fresken* erhalten haben (Führungen nach Vereinbarung mit dem Office de Tourisme).

Praktische Hinweise

Information: Office de Tourisme, Grande Rue, Venasque, Tel./Fax 04 90 66 11 66. – Office de Tourisme, place Gabriel Moutte, Pernes-les-Fontaines, Tel. 04 90 61 31 04, Fax 04 90 61 33 23

Hotels

***** **L'Hermitage**, route Carpentras, Pernes-les-Fontaines, Tel. 04 90 66 51 41, Fax 04 90 61 36 41, E-Mail: hotel.lhermitage@libertysurf.fr. Komfortables Hotel mit Swimmingpool im Park.

** **La Garrigue**, route de l'Appié, Venasque, Tel. 04 90 66 03 40, Fax 04 90 66 61 43. Gutes, ruhiges Hotel mit Halbpension.

Auberge La Fontaine, place de-la-Fontaine, Venasque, Tel. 04 90 66 02 96, Fax 04 90 66 13 14. Kleines, angenehmes Gästehaus in der Ortsmitte.

21 Avignon

Plan hintere Umschlagklappe

Die frühere Residenz der Päpste lockt mit Kathedrale und Papstpalast, Kirchen und Museen, dem berühmten Brückentorso und einem attraktiven Kulturangebot.

Stolz steht der provenzalische Name auf dem Ortsschild: **Avignoun**. Der Name der Stadt geht auf eine keltische Bezeichnung zurück, **Aouenion** heißt etwa ›Herr der Wasser‹ und bezieht sich auf die unmittelbar an der Stadt vorbeifließende Rhône. Unter den Römern blühte **Avenio** – so die latinisierte Version des keltischen Namens – zu einem bedeutenden Handelsplatz auf. Später geriet die Stadt zwischen die Fronten divergierender Interessen, hatte unter Sarazeneneinfällen zu leiden und wurde Burgund und dem Comtat Venaissin angegliedert, war freie Reichsstadt und wurde in den Albigenserwirren zerstört, weil sie gegen den französischen König Partei ergriffen hatte. 1290 gelangte Avignon in den Besitz von *Karl II. von Anjou*. Wenig später folgte der eben in Perugia gewählte neue *Papst* bereitwillig der ›Einladung‹ seines Gönners, des französischen Königs, sich doch anstatt in Rom im angenehmeren Avignon niederzulassen.

Die Stadt und ihre Mauern

Avignon besteht aus dem Fluss und dem Pont St-Bénézet, dem Felsen Rocher des Doms mit Papstpalast, Kathedrale und Park, Cours Jean Jaurès und Rue de la République als belebter Hauptachse zwischen Bahnhof und Place de l'Horloge sowie einem Stadtviertel westlich davon, nämlich dem inzwischen restaurierten, im 19. Jh. vorwiegend von Zigeunern bewohnten Balance-Viertel mit schönen Palais des 17. und 18. Jh., und drei Stadtvierteln östlich mit zum Teil noch recht ursprünglicher, vom Tourismus noch we-

nig berührter Substanz. Die hervorragend erhaltene **Stadtmauer** war zur Zeit ihrer Entstehung fortifikatorisch bereits veraltet. Mit ihren 39 Türmen und 13 Toren – zusätzlich befestigt war der Zugang zur Brücke durch die Tour du Châtelet – wirkte (und wirkt) sie jedoch streng und abweisend.

Brücke und Kathedrale

Um auf die Insel und ans andere Ufer der Rhône zu gelangen, dorthin, wo sich die Kardinäle ihre Villen und Landsitze bauten, bedurfte es einer Brücke – der heute so bekannten Brücke von Avignon. Offiziell heißt sie **Pont St-Bénézet** ❶ (Juli tgl. 9–21, Aug./Sept. 9–20, Nov.–März 9.30–17.45, April–Nov. 9–19 Uhr). Heute steht von ihr nur noch ein Torso. Hoch, mächtig und elegant wölben sich die Bögen, zusätzliche Öffnungen sorgen dafür, dass der früher zu Zeiten mächtig anschwellende Strom möglichst wenig Widerstand fand. Die kleine **Chapelle St-Nicolas** (April–Sept. tgl. 9–18.30, sonst Di–So 9–13 und 14–17 Uhr) auf dem zweiten Pfeiler hat sich erhalten, sie ist dem hl. Nikolaus geweiht, dem Patron der Schiffer und Seefahrer. Das untere ihrer beiden Geschosse zeigt romanische Formen, das obere bereits gotische.

Oberhalb der Brücke mit ihrem befestigten Brückenkopf (Tour de Châtelet) erhebt sich die **Cathédrale Notre-Dame-des-Doms** ❷. Die Kathedrale ist im Kern ein charakteristischer Bau der provenzalischen Romanik (12. Jh.). Der mächtige **Westturm** prägt, neben Papstpalast und Tour de l'Horloge, entscheidend die Silhouette der Stadt. Seine oberen Teile sind Rekonstruktionen des 15. Jh., die bekrönende Marienfigur ist eine Zutat von 1859. Von besonderer Schönheit ist die klassisch-antik wirkende **Vorhalle**. Simone Martini hat die beiden *Tympana*, das halbkreisförmige über dem Eingang (›Madonna mit Engeln und Stifter Kardinal Stefaneschi‹) und das dreieckige des Giebels (›Engel beten den Erlöser an‹), mit Fresken geschmückt, die nach schwieriger Restaurierung schichtweise abgetragen wurden und heute im Saal des *Konsistoriums* im Papstpalast [s. S. 48] zu sehen sind.

Viel besungen und von Legenden umrankt: die Rhônebrücke Pont St-Bénézet

Sur le pont d'Avignon ...

Die Brücke von Avignon, so erzählt die **Legende***, verdankt ihre Existenz dem jungen Hirten* **Bénézet***, dem, als er im Jahre 1177 im Vivarais seine Schafe weidete, eine himmlische Stimme den Auftrag erteilte, eine Brücke über die Rhône zu bauen. Ein Engel führte Bénézet an die Stelle, an der sie errichtet werden sollte. Wunderbare Kräfte, die dem Jungen zuwuchsen – er hob mühelos einen gewaltigen Stein in die Höhe –, überzeugten die zunächst skeptischen Autoritäten.*

Die Begeisterung für das große Vorhaben griff um sich. Eine **Bruderschaft der Brückenbauer** *(›Frères Pontifes‹) wurde gegründet, und nach elf Jahren war das Werk schließlich glücklich vollendet. Bereits 1226 wurde die Brücke zum ersten Mal zerstört, als* **Ludwig VIII.** *Avignon erstürmte, das sich in den Albigenserfeldzügen auf die Seite der ›Ketzer‹ geschlagen hatte. Nach mehrmaligem Wiederaufbau blieb die Brücke schließlich nach dem verheerenden* **Hochwasser** *von 1669 eine Ruine.*

Ob man je, wie das berühmte Liedchen »Sur le pont d'Avignon ...« glauben macht, auf ihr getanzt hat, ist ungewiss, war sie dafür doch wahrscheinlich zu schmal. Getanzt hat man wohl eher auf der grünen Insel **Barthelasse***, über die einst die Brücke hinwegführte.*

Im höhlenartig dämmrigen, von vielen Kerzen geheimnisvoll erhellten **Inneren** des einschiffigen, später durch Kapellen erweiterten Raumes haben sich mehrere Schichten jüngerer Ausstattung über den romanischen Kern gelegt. Bemerkenswert sind die *Vierungskuppel* mit ihrer eleganten Laterne, ein marmorner Bischofsthron aus dem 12. Jh. und in der vierten Kapelle links das Grabmal Papst Johannes XXII. (Kirchenschatz: Ostern – Allerheiligen tgl. 9–12 und 15–19 Uhr, sonst auf Anfrage).

Place du Palais

Die Place du Palais gilt als einer der schönsten Plätze der Welt, sie ist eine Bühne für den Auftritt ganz unterschiedlicher Architekturen: Im romanischen Stil erbaut ist die Kathedrale, im gotischen der Papstpalast; aus dem 17. Jh. stammt das **Hôtel des Monnaies** 3, die Münze (heute Konservatorium), mit ihrer reich geschmückten, von einer Balustrade bekrönten Fassade. Man beachte die Embleme der Familie Borghese, Drachen und Adler. Die Nordseite des Platzes begrenzt schließlich das einen mittelalterlichen Zinnenkranz und Wehrtürme sowie Fenster im Stil der Renaissance aufweisende Petit Palais.

Das **Petit Palais** 4 geht auf das Jahr 1317 zurück (Südfassade 1481) und beherbergte so berüchtigte und berühmte

Gäste wie Cesare Borgia (1498) oder die französischen Könige François I. (1533) und Ludwig XIV. Heute ist hier das **Musée du Petit Palais** (Juni–Sept. Mi–Mo 10–13 und 14–18, Okt.–Mai 9.30–13 und 14–17.30 Uhr) ansässig, das neben der Avignoneser Kunst des 13. – 16. Jh. eine großartige Sammlung italienischer Malerei des 14.–16. Jh. präsentiert, darunter Werke von Botticelli und Carpaccio, sowie romanische Plastiken.

Östlich des Petit Palais erhebt sich der Felsenhügel **Rocher des Doms** 5 mit den schönen *Gärten*, die dort angelegt wurden, wo einst die berühmten Windmühlen des Papstes standen. Der Ausblick hinüber nach Villeneuve und aufs Rhônetal ist überwältigend.

TOP TIPP Palais des Papes *Plan Seite 48*

Beim Papstpalast **Palais des Papes** 6 (Juli–Sept. tgl. 9–20, Nov.–14. März 9.30–17.45, 15.–31. März 9.30–18.30, sonst 9–19 Uhr, Internet: www.palais-des-papes.com) dominiert der Charakter der Strenge, des Abweisenden, eine unübersehbare, fast drohende Gebärde der Macht. Dagegen ist vom viel beschriebenen Luxus der Päpste wenig zu spüren, was wohl nur zum Teil daher rührt, dass sich von der Ausstattung – außer einigen um so bemerkenswerteren Wandmalereien – so gut wie nichts erhalten hat.

Der älteste, **nördliche Teil**, das Werk des Zisterzienserpapstes Benedikt XII. (1334–42), hat ausgesprochen asketisch-klösterlichen Charakter: Um einen monumentalen zweistöckigen Kreuzgang gruppieren sich verschiedene Räume, von denen der gewaltige Saal des Konsistoriums und der darüber angelegte große Speisesaal Grand Tinel besonders eindrucksvoll sind. Der jüngere, **südliche Teil** (1342–52) des Palastes geht auf den prachtliebenden Papst Clemens VI. zurück und zeigt eine reichere Formensprache. Schon von außen sind die beiden ungleichen Teile des Palastes gut zu unterscheiden.

Man betritt die Papstburg durch die **Porte des Champeaux** [**a**] und gelangt zunächst in die Grande Cour de Palais

Die Cathédrale Notre-Dame-des-Doms beeindruckt mit einer prunkvollen Ausstattung

Nouveau (Ehrenhof des Neuen Palastes), dessen nördlicher und östlicher Teil jedoch zum Alten Palais gehören. Der Hof wird heute für Aufführungen des **Festival d'Avignon** genutzt, das jeden Sommer Theater-und Tanzpremieren an verschiedenen Orten in der Stadt inszeniert. Schräg gegenüber vom Eingang erhebt sich der Engelsturm **Tour des Anges** [**b**], die Keimzelle des Palastes [s. S. 49]. Wir folgen jedoch zunächst der Führungslinie nach links und gelangen so in den geländebedingt asymmetrisch angelegten **Kreuzgang** des klösterlichen **Palais Vieux**. Benedikt XII. benutzte bei seinem Neubau Teile von Gebäuden, die bereits sein Vorgänger Johannes XXII. beim Umbau des ehem. Bischofspalastes hatte errichten lassen.

Im Südflügel des Kreuzganghofes befand sich das *Konklave* (Räume für die Papstwahl). Sie wurden 1970/76 restauriert und zusammen mit angrenzenden Sälen zum Kongresszentrum **Palais des Congrès** [**c**] ausgebaut. Die angrenzende **Aile des Familiers** [**d**] war engen Vertrauten des Papstes vorbehalten, die **Tour de la Campane** [**e**] im Nordwesten diente Verteidigungszwecken.

Im Osten folgt die **Chapelle de Benoît** [**f**] von 1335. Der Kapellenflügel dient als Archivraum und ist nicht zugänglich. Die in der Nordostecke zusammengefassten Türme **Tour de Trouillas** [**g**], **Tour de la Glacière** [**h**] und **Tour des Cuisines** [**i**] wurden im Sterbejahr Benedikts, 1342, begonnen und hatten ökonomische Funktionen, die beiden letzteren, in unmittelbarer Nachbarschaft des Großen Speisesaals, enthielten sinnvollerweise Küche und Toiletten.

Im angrenzenden **Aile de Consistoire** [**k**] von 1339, dem Konsistorium, beginnt die Innenbesichtigung. Im Erdgeschoss versammelte der Papst zu festlichen Anlässen die Kardinäle und hielt Empfänge ab.

In diesem Saal sind heute die **Fresken Simone Martinis** aus der Vorhalle der Kathedrale ausgestellt [s. S. 45]. Die Restaurierungstechnik macht es möglich, Einblick in die ›Werkstatt‹ des Künstlers zu nehmen, denn hier kann man die Vorzeichnungen und fertigen Fresken miteinander vergleichen. Der sensible, aus der ›Maniera Bizantina‹ seines Lehrers Duccio und den Neuerungen Giottos abgeleitete Stil des großen Sieneser Malers Simone Martini (1284–1344) bildete die Grundlage einer Kunst, die sich in Südfrankreich entfaltete und über Burgund entscheidend zur Entwicklung der ›internationalen‹ europäischen Spätgotik beitrug.

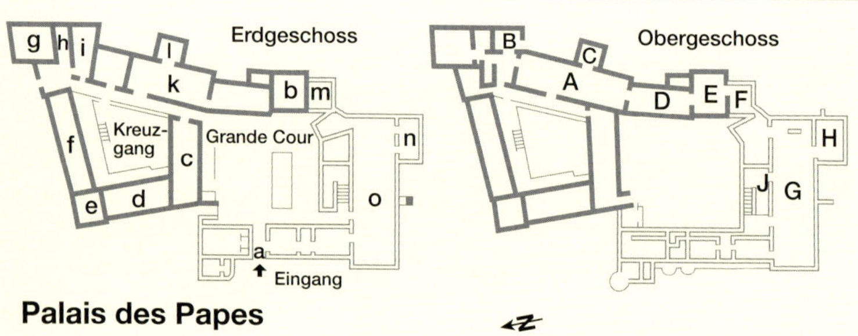

Palais des Papes

a Porte des Champeaux
b Tour des Anges
c Palais des Congrès
d Aile des Familiers
e Tour de la Campane
f Chapelle de Benoît
g Tour de Trouillas
h Tour de la Glacière
i Tour des Cuisines
k Aile de Consistoire
l Chapelle St-Jean
m Tour de la Garde-Robe
n Tour St-Laurent
o Grande Audience

Palais Vieux
Palais Nouveau

A Grand Tinel
B Tour des Cuisines
C Chapelle St-Martial
D Chambre de Parement
E Schlafgemach Benedikts XII.
F Chambre de Cerf
G Chapelle Clémentine
H Sakristei
J Grand Escalier

Imposantes Ensemble: Palais des Papes mit Tour de la Campane und Cathédrale Notre-Dame-des-Doms mit Westturm an der Place du Palais von Avignon

Dem Saal östlich vorgelagert und von ihm aus zugänglich ist die von *Matteo Giovanetti* 1346–48 ausgemalte **Chapelle St-Jean** [I]. Ihrem Namen entsprechend sind Szenen aus dem Leben der beiden Johannes (Täufer und Evangelist) dargestellt.

Über eine Treppe erreichen wir das Obergeschoss mit Speise- und Festsaal **Grand Tinel** [A] sowie die angrenzende **Tour des Cuisines** [B]. 1978/79 wurde die hölzerne Spitztonne des Küchenturms wieder hergestellt, leider jedoch nicht der ursprünglich aufgemalte blaue Sternenhimmel. Über der Johanneskapelle zeigt die angrenzende, ebenfalls von Matteo Giovanetti ausgemalte **Chapelle St-Martial** [C] Begebenheiten aus der Legende dieses französischen Heiligen, des Patrons des Limousin, der Gegend, aus der Clemens VI. stammte.

Die Ausmalung der beiden Kapellen und der folgenden Profanräume wurde erst von Clemens in Auftrag gegeben und verbindet so die Räume des Palais Vieux und des **Palais Nouveau** miteinander. Der erste dieser wegen ihrer Wandmalereien höchst bemerkenswerten Räume, das **Schlafgemach Benedikts XII.** [E], befindet sich im Obergeschoss der **Tour des Anges**, dem Wohn- und Tresorturm des Papstes. Man erreicht es über das Paramentenzimmer **Chambre de Parement** [D] und erlebt zum ersten Mal in diesem Palast so etwas wie eine wohnliche Atmosphäre. 1963 wurde hier ein *Fliesenboden* mit figürlichen und geometrischen Motiven freigelegt, die ornamentalen *Wandmalereien* zeigen vor leuchtend blauem Hintergrund dekorative, teppichartige Pflanzenranken, zwischen denen sich Vögel und andere Tiere verstecken. In auffallendem Kontrast zur Flächigkeit des Ganzen stehen perspektivische Abbildungen von Vogelkäfige.

Auch die Malereien des angrenzenden **Chambre de Cerf** [F], des Hirschzimmers, zeigen eine ähnliche charakteristische Ambivalenz von Lebendigkeit und heraldisch-flächiger Stilisierung. Das Hirschzimmer mit seinen Szenen zu Fischerei und Jagd befindet sich im 3. Stock der an den Altbau angrenzenden **Tour de la Garde-Robe** [m]. Dieser Turm gehört bereits zum **Palais Neuf**, jenem zweiten Gebäudekomplex an, mit dem Clemens VI. die zisterziensisch karge Festung um zwei neue, in ihrer architektonischen Formensprache reicher und differenzierter gestaltete Flügel erweitern ließ. Die Tour de la Garde-Robe er-

Die Babylonische Gefangenschaft

In den Jahren 1309–76 residierten die Päpste in Avignon. Diese Epoche der ›Babylonischen Gefangenschaft der Päpste‹ war einerseits gezeichnet vom Chaos der Geschlechterkämpfe in **Rom**, *das dem Papst einen Aufenthalt am Ort seiner traditionellen Residenz praktisch unmöglich machte, und andererseits vom höchst vitalen Interesse des französischen Königs, das Papsttum unter seine Kontrolle zu bringen. Die Päpste hatten Besitz in dieser Gegend [s. S. 31], was lag also näher, als – wenn schon* **ins Exil** *– dann hierhin auszuwandern?*

Der französische **Papst Clemens V.** *(1305–14) machte den Anfang, gedrängt von König Philipp IV. dem Schönen, dessen jahrelanger Konflikt mit Papst Bonifatius VIII. als Hintergrund der Absicht gesehen werden muss, das Papsttum unter französische Kontrolle zu bringen. Nicht so sehr der unglaubliche* **Luxus**, *den Clemens am Hof von Avignon entfaltete, auch nicht sein hemmungsloser* **Nepotismus** *belasten sein Andenken als vielmehr die skrupellose und grausame Eliminierung des* **Templerordens**, *bei der sich der Papst zum keineswegs uneigennützigen Werkzeug der Machtpolitik Philipps des Schönen erniedrigen ließ.*

Im Jahre 1314, einen Monat nachdem Jakob de Molay, der letzte Großmeister des Templerordens, aufgrund absurder Anschuldigungen mit päpstlicher Billigung auf dem Scheiterhaufen verbrannt worden war, starb Clemens. Sein Nachfolger war der Bischof von Avignon, **Papst Johannes XXII.** *(1316–34). Der gebildete, wissenschaftlich interessierte und kulturell engagierte Papst legte mit seinem Pfründenschacher und seiner Steuerpolitik den Grundstein zur späteren* **Reformation**: *Während Rom verfiel, sammelte er Geld für den Neubau seines Palastes, denn bislang hatten die Päpste eher ›unstandesgemäß‹ im Palais der Bischöfe von Avignon residiert.*

Papst Benedikt XII. *(1334–42) schließlich begann mit dem Bau des* **Palais des Papes** *[s. S. 47]. Als Baumeister berief er seinen Landsmann* **Pierre Poisson**. *Bezeichnenderweise begann man mit der Anlage eines Tresorturms zur Aufbewahrung der aus aller Welt fließenden Gelder. Diese* **Tour des Anges** *(Engelsturm) wurde an der Stelle der alten Schatzkammer Johannes XXII. errichtet. Sie umfasste über dem Tresorraum die Wohnräume des Papstes sowie die des Kammerherrn, dem die päpstliche Finanzverwaltung unterstand, ganz oben befand sich die Bibliothek. Das Ganze war bewehrt mit 3 m dicken Mauern, Wurfschächten und Zinnen. Um diesen Kern herum entstanden weitere Gebäude.*

Verschwendung und Nepotismus kehrten mit **Papst Clemens VI.** *(1342–52) zurück. Immerhin bot er den verfolgten Juden Asyl, förderte* **Petrarca** *und kaufte schließlich der Königin Johanna I. von Neapel und Gräfin der Provence für 80 000 Florin die Stadt Avignon ab.*

In jenen Tagen erhob sich eine erste massive **Opposition** *gegen den Aufenthalt der Päpste in Avignon. Die hl. Birgitta von Schweden bedrängte den Papst mit ihren Visionen, in denen ein schreckliches Strafgericht angekündigt wurde.* **Papst Innozenz VI.** *(1352–62) räumte dann mit Nepotismus und Pfründenwucher auf.* **Boccaccio**, *der 1354 als Gesandter des Stadtstaates Florenz nach Avignon kam, bestärkte den Papst in seiner Absicht, nach Rom zurückzukehren, was, wenngleich nur vorübergehend,* **Papst Urban V.** *(1362–70) auch tat. Sein Nachfolger* **Gregor XI.** *(1370–78), der bisher letzte französische Papst, entschloss sich schließlich aufgrund des hartnäckigen Engagements der* **hl. Katharina von Siena** *zur Rückkehr nach Rom. Die in Avignon zurückgebliebenen französischen Kardinäle wählten nach seinem Tod zwei* **Gegenpäpste**, *die in Avignon residierten: 1378 Clemens VII. und 1394 Benedikt XIII.*

Auf die Zeit des Exils folgte die des **Großen Schismas**, *der Kirchenspaltung. Erst 1449 konsolidierten sich mit* **Papst Martin V.** *(1417–31) und den Konzilen von Konstanz und Basel die Verhältnisse: Der Papst blieb in Rom, und Avignon, das bis 1791 päpstlicher Besitz war, wurde von päpstlichen Legaten verwaltet.*

Erzählerische Kraft: Matteo Giovanetti, ein Meister der Freskotechnik, schuf die Wandmalereien in der Chapelle St-Martial mit Szenen aus dem Leben des hl. Martialis

hielt ihren Namen von zwei übereinander liegenden *Kleiderkammern* (Garderobes, 1. und 2. Stock). Im Erdgeschoss war Platz für Bäder, Toiletten und eine neue Küche. Das Ganze bekrönt eine Kapelle, die dem hl. Michael geweiht war. All dies ist das Werk des genialen Architekten Jean de Louvres; auf ihn geht auch der großartige Saal der **Chapelle Clémentine** [**G**] zurück, deren Gewölbeschub durch die **Tour St-Laurent** [**n**] und den mächtigen Strebebogen aufgefangen wird, der heute die Rue Peyrollerie überwölbt. Auch für die **Sakristei** [**H**] zeichnet er verantwortlich, von deren *Loggia* aus der Papst die im Ehren-

Der Festsaal Grand Tinel ist der größte Raum im Palais Vieux des Papstpalastes

hof versammelten Gläubigen segnete. Das Rosettenfenster ist Teil einer späteren Restaurierung. Die mächtige Treppe **Grand Escalier** [**J**], die zur zweischiffigen **Grande Audience** [**o**] hinunterführt, ist ebenfalls ein Werk Jean de Louvres. Bündelpfeiler und skulpierte Gewölbekonsolen geben diesem Großen Audienzsaal, der als Untergeschoss die Chapelle Clémentine trägt, eine würdevolle und harmonische Atmosphäre. Die Fresken in der *Salle des Gardes*, dem einstigen Wach- und heutigen Kassenraum, und in der benachbarten *Petite Audience* stammen bereits aus dem 17. Jh., der Zeit der Kardinallegaten.

Rue de la République

Cours Jean Jaurès und Rue de la République bilden – mit Geschäften und Straßencafés, Scharen von Flaneuren und Kolonnen von Autos – die Lebensader des touristischen Avignon, das am Bahnhof beginnt und seine Zentren an der Place de l'Horloge, der Place du Palais und am Palais des Papes hat. Folgt man dieser Achse vom Bahnhof aus, so stößt man rechts des Boulevards hinter der Cité Administrative auf den Komplex des **Couvent des Célestins** 7, des ehem. Zölestinerklosters aus dem 14. Jh.

Im weiteren Verlauf der Straße fällt die typisch römische Fassade der einstigen Jesuitenkirche auf. Das Kolleg wurde 1564 gegründet, die Kirche 1620 erbaut, die Fassade 1660 gestaltet. Heute beherbergt der Bau das **Musée lapidaire** 8 (Mi–Mo 10–13 und 14–18 Uhr). Es zeigt u. a. keltische und römische Funde aus der Region, darunter eine aus dem 3. Jh. v. Chr. stammende Skulptur des Ungeheuers ›La Tarasque‹ [s. S. 79].

Hinter dem Musée lapidaire befindet sich in der Rue Laboureur 5 mit dem **Musée Angladon** 9 (Mi–So 13–18 Uhr) eine der bedeutendsten Sammlungen der Stadt. Es präsentiert neben Salons aus dem 18. Jh. u. a. eine hervorragende Kunstsammlung des 19./20. Jh. mit Gemälden von Boucher, Degas, Sisley, Modigliani und Picasso. Zu den Meisterwerken zählen das ›Stillleben mit Tontopf‹ von Paul Cézanne und Vincent van Goghs ›Eisenbahnwagen‹, das einzige in der Provence verbliebene Werk des Malers.

Von hier aus lohnen Abstecher in den östlichen Teil der Stadt, zu den gotischen Kirchen St-Didier und St-Pierre. **St-Didier** 10, 1356–59 erbaut, gilt als die schönste Kirche Avignons. Ihr einfacher, weit gespannter und von einer Spitztonne überwölbter *Saalraum* verkörpert in reinster Form die mediterrane Gotik zisterziensischer Prägung. Bedeutende *Fresken* italienischen Stils haben sich in der ersten Kapelle links erhalten (14. Jh.). In der ersten Kapelle rechts ist ein expressives Kreuztragungsretabel von 1478 beachtenswert, das von Francesco Laurana geschaffen wurde.

Die Kirche **St-Pierre** 11 (nur So vormittag geöffnet) aus dem 14./15. Jh. ist vor allem wegen ihrer prächtigen Türflügel bemerkenswert. Auf dem linken stellte Antoine Volard den hl. Hieronymus und den Kampf des Erzengels Michael gegen das Böse dar, auf dem rechten die Verkündigung (1551). Leider sind die geschnitzten Türflügel häufig mit schützenden Holzläden bedeckt.

In der nahen Rue de Mons erinnert das **Musée Théodore Aubanel** 12 (Mo–Fr 9–12 und 14–19 Uhr, Aug. und 2. Hälfte Dez. geschl.) an die Drucker- und Verlegerfamilie gleichen Namens, die hier seit 1744 tätig war. Provenzalische Möbel und Gemälde namhafter Meister (Fragonard, Guardi, Mignard u. a.) ergänzen die beachtliche Sammlung von Dokumenten, Büchern und anderen bibliophilen Erzeugnissen, die vom 13. Jh. bis in die jüngste Vergangenheit reicht.

Westwärts sind es nur wenige Schritte zur zentralen **Place de l'Horloge** mit ihren Straßencafés unter mächtigen Platanen. Hier findet sich im Schatten der *Tour de l'Horloge* (Uhrturm) aus dem 14./15. Jh., die dem Platz seinen Namen gegeben hat, das *Hôtel de Ville* (Rathaus, 19. Jh.) sowie das pompöse *Théâtre* im Stil Napoleons III.

Lebensgroße Figuren schlagen auf der Spitze der Tour de l'Horloge die Stunden

Beschauliche Ruhe: kleiner Park am Rand des stets belebten Cours Jean Jaurès

Westlich der Rue de la République

Gen Westen führt der Weg über die Rue St-Agricol zu der reich ausgestatteten Kirche **St-Agricol** 13 aus dem 14.–16. Jh. Zu ihren schönsten Stücken gehören das Verkündigungstympanon und eine Trumeau-Madonna. Wir biegen in die Rue du Collège-du-Roure ein, wo in Nr. 3, dem weitläufigen **Palais du Roure** 14, mehrere Sammlungen untergebracht sind, u.a. zu provenzalischer Ethnographie (Führungen Di 15 Uhr oder nach Vereinbarung, Tel. 04 90 80 80 88), und folgen dann der von noblen Palais mit edlen Fassaden und stimmungsvollen Innenhöfen gesäumten Rue Viala.

In der Rue Joseph-Vernet stoßen wir auf eine weitere bedeutende Sammlung. Das **Musée Calvet** 15 (Mi–Mo 10–13 und 14–18 Uhr) befindet sich in einem vornehmen Hôtel aus dem 18. Jh. und ist allein schon seiner Architektur und Ausstattung wegen einen Besuch wert. Darüber hinaus bietet es einen guten Überblick über die Geschichte der *französischen Malerei* zwischen dem 16. und 20. Jh. Zu sehen sind u. a. Werke von Delacroix, Toulouse-Lautrec, Manet, Camille Claudel und Joseph Vernet. Bemerkenswert sind auch die geheimnisvollen mundlosen *Stelen* aus dem 2. Jh. v. Chr., eindrucksvolle Zeugnisse eines fernen Totenkults, oder das Relief einer Treidelfahrt auf der Durance aus gallo-römischer Zeit.

Nur wenige Schritte von diesem Museum entfernt entstand im Kloster Notre-Dame-de-Fours ein außergewöhnliches Kulturzentrum, **Le Cloître des Arts** 16. Es beherbergt eine Kunstschule, Kunstgalerien, eine Buchhandlung, einen Teesalon und das Restaurant ›La Cuisine de Reine‹. Der Innenhof ist malerische Kulisse für sommerliche Musik-, Tanz- und Theaterveranstaltungen.

Weiter westlich, nahe der Stadtmauer, präsentiert in der Rue Victor Hugo das **Musée Louis Vouland** 17 (Mai–Okt. Di–So 10–12 und 14–18, Nov.–April 14–18 Uhr) französische Fayencen sowie Möbel des 18. Jh., darunter die Kasse eines Geldwechslers und ein Reisenecessaire der Gräfin Du Barry.

Östlich der Rue de la République

In den östlichen Stadtvierteln lohnen ausgiebige Spaziergänge. Von der Lebendigkeit dieser Gegend mit ihrem teilweise orientalischen Flair haben Abstecher bereits einen Eindruck vermittelt.

Gleich hinter dem Rocher des Doms ist in der Rue Banasterie die **Chapelle des Pénitents Noirs** 18, die Kapelle der Schwarzen Büßer, besuchenswert. Die schöne *Barockfassade* zeigt in feiner skulpturaler Ausführung das Haupt Johannes des Täufers, das von Engeln auf einem Teller getragen wird. Im **Inneren** der Kirche verdienen beachtliche Schnitzereien und Gemälde Aufmerksamkeit. Der im 11739 von Thomas Lainée grundlegend rekonstruierte und renovierte Bau geht ursprünglich auf eine Gründung des Jahres 1591 zurück.

Edles Plätzchen: im angenehm schattigen Kreuzgang eines ehemaligen Klosters genießen die Gäste des Hotel Cloître St-Louis die Köstlichkeiten des Restaurants

In historisch-romantischem Ambiente serviert das Spitzenrestaurant Christian Etienne seine weithin berühmten Fischspezialitäten

Die Bruderschaft der Schwarzen Büßer wurde in Avignon zwar erst 1586 gegründet, aber derartige Gemeinschaften gab es in Südfrankreich bereits seit dem 13. Jh. Es waren *Geißelbruderschaften*, die für die Missachtung der Sakramente durch die Häretiker Sühne leisteten. Die Gemeinschaften unterscheiden sich durch die Farbe ihres Habits, jenen Gewändern mit spitzen Kapuzen, die nur die Augen freiließen.

In der Nähe finden sich bemerkenswerte Profanbauten, z. B. in der Rue du Four das **Hôtel Galléans** 19 aus dem 17. Jh. An der Place des Carmes erhebt sich die Kirche **St-Symphorien** 20, ein Bauwerk der Karmeliter aus dem 15. Jh., das Gemälde von Pierre Parrocel, Nicolas Mignard u. a. schmücken.

Über die Rue de la Carreterie und die Rue Paul-Saïn gelangen wir zur belebten *Place Pie* mit den Markthallen **Les Halles** (Di–So Markt), zur **Église de la Visitation** 21, der Kirche der Heimsuchung, und zur malerischen *Rue des Teinturiers*, der Färbergasse, die an der Sorgue entlangführt. Hohe Wasserräder erinnern an die Färbereien, die hier bis Ende des 19. Jh. ansässig waren. Seit dem 18. Jh. wurde die zum Färben der überwiegend indischen Baumwollstoffe (*Indiennes*) benötigte Färberröte in der Umgebung von Avignon angebaut. Unweit der sehenswerten **Chapelle des Pénitents Gris** 22, der aus dem 16. und 19. Jh. stammenden Kapelle der Grauen Büßer, zu deren schönsten Ausstattungsstücken ein Strahlenkranz aus Peru (17. Jh.) gehört, verschwindet das Flüsschen Sorgue unter dem Straßenpflaster.

Praktische Hinweise

Information: Office de Tourisme, 41, cours Jean Jaurès, Tel. 04 32 74 32 74, Fax 04 90 82 95 03, Internet: www.ot-avignon.fr

Schifffahrt

Mireio, Grands Bateaux de Provence, allée de l'Oulle, Tel. 04 90 85 62 25, Fax 04 90 85 61 14, Internet. www.avignon-et-provence.com/mireio. Ausflüge auf der Rhône bis in die Camargue.

Festival d'Avignon

Service réservation, Espace St-Louis, 20, rue du portail Boquier, Tel. 04 90 27 66 50, Fax 04 90 85 09 32. Ticket-Tel. 04 90 14 14 14, Internet: www.festival-avignon.com

Märkte

Blumenmarkt, *Marché aux fleurs* (Sa 7–13 Uhr) und **Flohmarkt**, *Marché aux puces* (So), jew. Place des Carmes; **Trödelmarkt**, *Marché forain* (Sa/So) an der Rempart St-Michel.

Die imposante Befestigungsanlage Fort St-André mit ihren gewaltigen Mauern und Rundtürmen thront machtvoll über dem Städtchen Villeneuve-lès-Avignon ▷

Hotels

****Cloître St-Louis**, 20, rue du Portail Boquier, Tel. 04 90 27 55 55, Fax 04 90 82 24 01, Internet: www.cloitre-saint-louis.com. Nobles, teures Hotel mit äußerst gepflegtem Restaurant, gleichzeitig gelungenes Beispiel für die Revitalisierung eines historischen Gebäudes, des Klosters St-Louis mit Kreuzgang aus dem 16. Jh.

TOP TIPP ***Hôtel d'Europe**, 12, place Crillon, Tel. 04 90 14 76 76, Fax 04 90 85 43 66, Internet: www.hotel-d-europe.fr. Eines der vornehmsten und teuersten Häuser am Platz, mit kostbaren Möbeln des 16.–18. Jh., stilvoll in einem Palais von 1799 eingerichtet, Innenhof mit Palmen, hervorragende Küche (Rest. Mo mittags u. So geschl.).

** **Blauvac**, 11, rue de la Bancasse, Tel. 04 90 86 34 11, Fax 04 90 86 27 41, Internet: www.hotel-blauvac.com. Kleines, zentral gelegenes Hotel in der Altstadt.

Restaurants

TOP TIPP **Christian Etienne**, 10, rue de Mons, Tel. 04 90 86 16 50. Dieses Spitzenrestaurant, ganz in der Nähe des Papstpalastes und der Place de l'Horloge, ist mit kostbaren Antiquitäten eingerichtet und zu Recht berühmt wegen seiner unvergleichlichen Fischgerichte (So und Mo, außer im Juli geschl.).

Hiely-Lucullus, 5, rue de la République, Tel. 04 90 86 17 07. Hervorragendes Restaurant mit vergleichsweise moderaten Preisen. Tischbestellung ist anzuraten (Di nachmittags und Mo, außer Juli/Aug. geschl.).

22 Villeneuve-lès-Avignon

Jenseits der Rhône: Kartause und Fort St-André, Stadtkirche und Altarbild des Enguerrand Quarton.

Dass die Rhône einerseits trennenden, andererseits verbindenden Charakter hatte (und hat), wird nirgendwo deutlicher als im Gegenüber von Avignon und Villeneuve. Diese ›Neustadt‹ auf der anderen Seite des Stromes war Ausweichquartier für den päpstlichen Hof, drüben auf dem Land errichteten die Kardinäle Villen und Sommerresidenzen, die sog. **Livrées**. Andererseits war Villeneuve aber auch befestigter Vorposten des französischen Königs gegenüber dem päpstlichen Territorium – und bevor die Päpste in Avignon residierten, gegenüber dem kaiserlichen Ausland.

So befestigt und bewacht denn der ›Turm Philipps des Schönen‹, die **Tour Philippe le Bel** (April–Sept. tgl. 10–12.30 und 15–19, Okt.–März 10–12 und 14–17.30 Uhr, 15. Sept.–15. Juni Mo geschl.), den damaligen Zugang zur Brücke. Der Turm entstand 1293–1307, die oberen Geschosse sind Hinzufügungen des 15. Jh.

Auch das **Fort St-André** (April–Sept. tgl. 10–12.30 und 14–18.30, Okt.– März tgl. 10–12 und 14–17 Uhr), errichtet in der 2. Hälfte des 14. Jh. durch Johann den Guten und Karl V., ist eine Befesti-

gungsanlage hoch über der einstigen Staatsgrenze. Sie umschließt die Reste eines ehem. Benediktinerklosters aus dem 12. Jh. Allein die Kapelle Notre-Dame-de-Belvézet hat sich, von Grundmauern abgesehen, erhalten sowie die heute so gut wie verlassene Bergstadt Bourg St-André. Das Ganze ist von gewaltigen Mauern umgeben und zugänglich nur durch ein einziges mächtiges *Tor*, das noch heute jede Nacht verschlossen wird.

Der Aufstieg vom belebten Villeneuve zum einsamen Bourg, der Spaziergang durch die durchsonnten, duftenden Klostergärten, **Les Jardins de l'Abbaye St-André** (April–Sept. tgl. 10–12.30 und 14–18.30, Okt.–März Di–So 10–12 und 14–17 Uhr), sowie der unvergleichliche *Blick* von den Höhen des Fort auf Avignon, die Berge des Lubéron und der Alpilles sind ausgesprochen erholsam nach der lauten, stimulierenden Enge und Geschäftigkeit der gegenüberliegenden Papststadt.

Die **Église Notre-Dame** (April–Sept. tgl. 10–12.30 und 15–19, Okt.–März tgl. 10–12 und 14–17.30 Uhr, 15. Sept.–15. Juni Mo geschl.) mit ihrem schönen Kreuzgang wurde 1333 von Kardinal Arnaud de Via, dem Neffen des Papstes Johan-nes XXII. und Bischof von Avignon, auf dem Gelände seiner Livrée errichtet. Die mehrfach veränderte Kirche mit ihrem wehrhaften Turm verfügt über bemerkenswerte Ausstattungsstücke, darunter das Grab des Kirchengründers (2. Kapelle links), das Gemälde ›Der hl. Bruno‹ von Nicolas Mignard sowie eine ›Kreuzigung‹ von Reynaud Levieux über dem Choreingang.

Die ›*Marienkrönung*‹ von Enguerrand Quarton aus der Kartause von Villeneuve ist die bedeutendste Kostbarkeit des in-

Enguerrand Quartons ›Marienkrönung‹

Die Forschung hat einiges über Enguerrand Quarton herausbekommen. Er muss zwischen 1415 und 1419 im Bistum Laon in der Picardie geboren worden sein und ließ sich um 1440 in der Provence nieder. Seit 1447 ist der Maler in Avignon bezeugt. Wir wissen von zahlreichen **Aufträgen**, *die er von Adeligen, Geistlichen und wohlhabenden Bürgern erhielt.*

1889 machte der Domherr Requin im Notararchiv von Vaucluse eine sensationelle Entdeckung: Er fand den **Kontrakt**, *der 1453 zwischen dem Künstler und einem Kanoniker der Kirche St-Agricol in Avignon, Jean de Montagnac, über die ›Marienkrönung‹ geschlossen wurde. Damit waren nicht nur die Entstehungszeit und Urheberschaft des Bildes geklärt, sondern es wurde auch in exemplarischer Weise deutlich, wie detailliert die inhaltlichen und formalen* **Vorgaben** *waren, an die sich zu jener Zeit ein Künstler zu halten hatte. Nicht minder aufschlussreich ist allerdings, dass Quarton dies nur bedingt tat und manche Angaben seines Auftraggebers sehr eigenwillig und frei interpretierte. Im Falle der ›Marienkrönung‹ waren die eigentlichen Auftraggeber wohl die* **Kartäuser**, *die einen Weltgeistlichen, ihren Förderer und Vertrauten de Montagnac, eingeschaltet hatten.*

Auf der großartigen Tafel sind himmlische und irdische Sphäre streng geschieden, die letztere macht lediglich ein Viertel des Ganzen aus. Ein kompliziertes **theologisches Programm** *repräsentiert das Erlösungswerk – eine zentrale, vermittelnde Position zwischen Himmel und Erde nimmt dabei das Kreuz Christi ein, das von einem Kartäuser verehrt wird. Die Toten stehen aus ihren Gräbern auf und werden zur Seligkeit oder in die Verdammnis geführt. Engel, Propheten und Heilige umgeben die in Gold und Rot erstrahlende Szene der Aufnahme* **Mariens** *in den Himmel und ihre Krönung, mit der die Erlösung des Menschen ihre Vollendung erfährt. Maria ist eingebunden in die Sphäre des Göttlichen, die sich in der* **Dreifaltigkeit** *manifestiert. Vater und Sohn sind – dies ist eine vergleichsweise altertümliche Darstellungsweise – als völlig gleiche Personen wiedergegeben, ihre Münder durch die Schwingen des Heiligen Geistes verbunden.*

teressanten **Musée municipal Pierre-de-Luxembourg** (April–Sept. tgl. 10–12.30 und 15–19, Okt.–März 10–12 und 14–17.30 Uhr, 15. Sept.–15. Juni Mo geschl.) in der Rue de la République. Es befindet sich im ehem. Palast des Kardinals Annibale Caetani de Ceccano, der im 14. Jh. erbaut und im 17. Jh. verändert wurde. Das große Retabel hat Quarton 1453/54 für die Grabkapelle Innozenz' VI. in der Kartause geschaffen. Die monumentale hölzerne Altartafel (1,83 x 2,20 m) war 1835 von Prosper Mérimée im Sprechzimmer des Spitals entdeckt und als »sehr bemerkenswertes Gemälde des 15. Jh.« erkannt worden. Das Museum zeigt außerdem eindrucksvolle Gemälde des 17. Jh. von Philippe de Champaigne, Nicolas Mignard und Reynaud Levieux, die großteils aus der Kartause stammen, sowie Kostbarkeiten aus dem Stiftsschatz von Notre-Dame, darunter eine höchst elegante Elfenbeinmadonna und eine doppelgesichtige Marienstatue aus Alabaster, beides Arbeiten des 14. Jh.

Chartreuse Pontifical du Val de Bénédiction

Ein Rundgang durch die Kartause im Tal des Segens (April–Sept. tgl. 9–18.30, Okt.–März 9.30–17.30 Uhr) schließt sich an. Der Weg führt über die Rue de la République und am Hôtel du Prince de Conti (17. Jh.) vorbei. Für die Kartause selbst sollte man sich viel Zeit nehmen, denn sie ist das größte **Kartäuserkloster** Frankreichs und eine der großartigsten Klosteranlagen dieses Ordens überhaupt.

Die Anlage, heute teilweise Ruine, ist eine Gründung des *Papstes Innozenz VI.*, der 1352 durch die überraschende Intervention des Kardinals Elie Talleyrand de Perigord gewählt wurde. Zuvor hatten die im Konklave versammelten Kardinäle den heiligmäßigen Ordensgeneral der Kartäuser, Jean Birelle, favorisiert. Es scheint, dass Innozenz sich aufgrund dieser Ereignisse zeitlebens dem Orden der Kartäuser besonders verbunden fühlte. Er wurde seinem Wunsch entsprechend in seinem geliebten Kloster beigesetzt. Sein **Marmorgrabmal** befindet sich seit 1963 wieder am ursprünglich dafür vorgesehenen Ort im Chor des südlichen Schiffs der Kirche.

Der Neffe des Papstes, Kardinal Pierre Selva de Montirac, vergrößerte später die Anlage und legte einen dritten Kreuzgang, den Cloître St-Jean (1372), mit Wohnungen für weitere zwölf Mönche an. Während der Französischen Revolution wurde das Kloster aufgehoben und in mehreren Teilen verkauft, seine Bauten zerfielen, Einrichtung, Bibliothek, Kunstwerke und Kostbarkeiten wurden in alle Winde zerstreut. Erst im 20. Jh. begann man mit Wiederherstellungsarbeiten, heute befindet sich hier ein *Kulturzentrum*, das u.a. Theateraufführungen veranstaltet.

Der **Rundgang** durch die Klosteranlage führt durch die Kirche in den **Kleinen Kreuzgang** mit Kapitelsaal und anderen angrenzenden Gebäuden, in den Kreuzgang des Friedhofs, **Cloître du cimetière**, mit den einzelnen Eremitagen der Priestermönche, von denen einige zu besichtigen sind, andere als Gästewohnungen hergerichtet wurden, vorbei an den Gemeinschaftsräumen der Laienbrüder, an Krankenstation, Wäscherei und Ökonomiegebäuden zur Totenkapelle. Man sieht auch das Refektorium und die angrenzende **Kapelle** mit den italienischen Wandmalereien. Schließlich gelangt man zum großen **Cloître St-Jean** mit schönem, tempiettoartigem Brunnengebäude.

Faszinierend ist die funktionale Ästhetik der einzelnen **Wohngebäude** der Mönche, denen es offensichtlich nicht an Komfort mangelte: Bis hin zum Gärtchen, zu Werkstatt und Terrasse war alles vorhanden, was das beschauliche Leben im täglichen Wechsel des ›ora et labora‹, im Rhythmus von Gebet und Arbeit, lebenswert machte – mal in konzentrierter Einsamkeit, mal eingebettet in das größere Ganze der Klostergemeinschaft.

Praktische Hinweise

Information: Office de Tourisme, 1, place Charles David, Tel. 04 90 25 61 33, Fax 04 90 25 91 55, Internet: www.villeneuve-les-avignon.com

Hotel

******Le Prieuré***, place du Chapitre, Tel. 04 90 25 18 20, Fax 04 90 25 43 39. Feines Hotel in historischem Gebäude von 1322 mit Park, Terrasse und Restaurant (21.März–23. April Mi geschl.).

Restaurant

Le St-André, 4 bis Montée du Fort St-André, Tel. 04 90 25 63 23. Empfehlenswerte Küche zu günstigen Preisen (Di mittags und Mo geschl., im Juli nur abends geöffnet).

In den Garrigues – auf den Spuren der Römer

Von Villeneuve-lès-Avignon ist es nicht weit zur kleinen Herzogsstadt **Uzès**, zum dreistöckigen **Pont-du-Gard** und zur heute wie zur Zeit der Römer bunten, belebten und geschäftigen Stadt **Nîmes**.

Keiner, der sich für die römische Geschichte, Architektur und Kunst interessiert, wird auf diesen Abstecher zur westlichen Seite der Rhône verzichten wollen, haben sich doch in Nîmes und im Tal des **Gardon** Bauwerke von einzigartigem Rang erhalten. Abgesehen davon lohnt ein Ausflug zum kristallklaren Gardon auch wegen der eindrucksvollen **Landschaft**. Die Berge südlich des Gardon tragen den Namen, der auch den Bewuchs dieser Gegend charakterisiert: **Garrigues** (oder Garigues) leitet sich ab von ›Garoulia‹, einer Eichenart, und bezeichnet die niedrigen Strauchheiden des Mittelmeerraumes mit ihren aromatischen, immergrünen Gewächsen, mit Lorbeer, Thymian, Rosmarin und Myrte, mit Steineichen und dem typischen, unaufhörlichen Gesang der Zikaden.

23 Uzès

Romanischer Glockenturm und Herzogpalast sind die herausragenden Sehenswürdigkeiten der Altstadt.

Uzès liegt auf einem steilen Kalkplateau, von dem der Fels schroff ins Tal des *Alzon* abfällt. Die Befestigungen der alten Herzogsstadt haben sich nicht erhalten, statt ihrer folgen heute platanenbestandene Boulevards dem ursprünglichen Verlauf des Mauerrings.

Geschichte Das Geschlecht der *Herren von Uzès* führt seinen Ursprung auf Karl den Großen zurück, erlangte die Herzogswürde allerdings erst 1565. Im Zuge der Neustrukturierung des absolutistischen Reiches nach der Entmachtung des unbotmäßigen Adels avancierte der Herzog des vergleichsweise unbedeutenden Uzès 1632 zum ranghöchsten Pair des Königreiches.

1560 wurde in Uzès die *Reformation* gepredigt, was in der Folgezeit zu schweren Konflikten zwischen Anhängern der alten und der neuen Lehre führte. Als in der Französischen Revolution die Zahl der Bischofssitze drastisch reduziert wurde, verlor Uzès' Kathedrale ihre Funktion als Bischofskirche.

Und noch ein Datum ist erwähnenswert: 1661–62 lebte hier der damals 22-jährige *Jean Racine*. Seine Eltern hatten ihn zu seinem Onkel geschickt, der Generalvikar an der Kathedrale war, um ihn von seinem geliebten Theater fern zu halten und auf den Priesterberuf vorzubereiten – bekanntlich ohne Erfolg. Schon bald verließ der junge Poet die provenzalische Kleinstadt und kehrte nach Paris zurück. In seinen Abschiedsversen dichtet er liebevoll: »Adieu Uzès, Stadt der guten Küchen, wo zwanzig Speisewirte zu leben fänden, aber ein einziger Buchhändler verhungern müsste.«

Besichtigung Die **Cathédrale St-Théodorit** in der Rue de l'Èvêche ist ein nüchterner, aber wohlproportionierter Bau des 17. Jh. Die Fassade wurde im 19. Jh. erneuert. Eine Kostbarkeit stellt die vorzüglich restaurierte historische *Orgel* (18. Jh.) dar, die während der Passionszeit mit zwei bemalten Flügeln geschlossen wurde. Vom romanischen Vorgängerbau der Kathedrale, der in den Religionskriegen zerstört worden war, ist die außerordentlich elegant gegliederte und mit unterschiedlich gestalteten Fensteröffnungen geschmückte **Tour Fenestrelle** aus dem 12. Jh. übrig geblieben. In

◁ *Meisterleistung der Römer: der Aquädukt Pont-du-Gard*

ganz Frankreich gibt es keinen zweiten zylindrischen Glockenturm wie diesen.

Neben der Kathedrale befindet sich das *Ancien palais épiscopale* (17 Jh.). Im diesem ehem. Bischofspalast zeigt heute das **Musée d'Uzès – Georges Borias** (Juli/Aug. Di–So 10–12 und 15–18, März–Juni und Okt. 15–18, Febr./Nov./Dez. 14–17 Uhr, Jan. geschl.) heimat- und volkskundlichen Sammlungen wie z. B. Keramik aus lokaler Produktion.

Zurück zu den Anfängen des Christentums führt die **Crypte** (Juli/Aug. Di–So 10–12 und 14–18 Uhr, sonst nach Vereinbarung mit dem Office de Tourisme) in der Rue Boucairie. Bei dieser sog. Krypta handelt es sich um eine Kultstätte aus dem 2. Jh. n. Chr.

Am nördlichen Rand des Stadtzentrums erhebt sich an der Place du Duché das Herzogsschloss, die **Duché** (Juli–14. Sept. tgl. 10–12.30 und 14–18.30, 15 Sept.–Juni 10–12 und 14–18 Uhr), ein Konglomerat aus Bauten verschiedener Epochen. Die ältesten Teile gehen auf das 11. Jh. zurück, so die *Tour Bermonde*, einer der insgesamt drei Türme, die das Stadtbild von Uzès bestimmen. Die anderen sind der Kathedralturm und die Tour de l'Horloge (Uhrturm, 12. Jh.). Der Ausblick von der Tour Bermonde lohnt die Mühen des Aufstiegs (148 Stufen). Bemerkenswert ist die edle *Renaissancefassade* des Schlosses, die Philibert Delorme 1550 schuf. Die *Ausstattung* stammt im Wesentlichen aus den Epochen Louis XV. und Louis XVI.

Wir gelangen über die Rue Entre-les-Tours und die Rue Pélisserie zur arkadenumstandenen **Place aux Herbes**. Ihre Westseite säumt das Hôtel d'Aigalièrs aus dem 17. Jh. Weiter geht es zum Boulevard Rue St-Étienne, wo die **Église St-Étienne** mit romanischem Turm und einer im 18. Jh. hinzugefügten Fassade mächtig den Hang überragt.

Bei Jung und Alt sehr beliebt ist ein Besuch des **Musée du Bonbon Haribo** (Juli–Sept. Di–So 10–19, Okt.–Juni 10–13 und 14–18 Uhr) an der Pont des Charettes im Osten von Uzès.

Vornehm zurückhaltend: die Einrichtung der Duché von Uzès stammt aus dem 18. Jh.

Praktische Hinweise

Information: Office de Tourisme, place Albert 1ier, Chapelle des Capucins, Tel. 04 66 22 68 88, Fax 04 66 22 95 19, Internet: www.villes-uzes.fr

Hotel

*****Hôtel d'Entraigues,** Jardins de Castille, 8, rue de la Calade, Tel. 04 66 22 32 68, Fax 04 66 22 57 01. Man wohnt und speist im wunderschönen Ambiente eines komfortablen Hôtel particulier des 15. Jh.

TOP TIPP 24 Pont-du-Gard

Der Aquädukt versorgte die Römerstadt Colonia Augusta Nemausus (Nîmes) mit Trinkwasser.

In der Nähe von Uzès entspringt die *Eure*, deren Wasser über eine Leitung von 50 km bis nach Nîmes geführt wurde, um die Bäder und Brunnen der Römerstadt zu versorgen. Das grandiose Ingenieurwerk gipfelt in einem Monument von faszinierender Kühnheit: dem gewaltigen **Aquädukt** Pont-du-Gard (südöstlich von Uzès an der D 981). Er führt die Wasser der Eure in einer Höhe von 49 m über das Tal des Gardon hinweg.

Die gesamte, hervorragend erhaltene Anlage entstand um die Mitte des 1. Jh. n. Chr. In drei übereinander angeordneten **Arkadenreihen** quert der Aquädukt das Tal, sechs je 22 m hohe Bögen von 6 m Spannweite tragen eine zweite Reihe aus 11 nur geringfügig kleiner dimensionierten Rundbögen, die dritte Arkadenreihe, die den eigentlichen **Kanal** trägt, besteht aus 35 kleinen Bögen. Der Bau wurde aus tonnenschweren Sandsteinblöcken ohne Mörtel zusammengefügt, Kragsteine dienten zum Anbringen der Gerüste. Die mit Platten überdachte *Wasserrinne* wurde im gesamten Verlauf des

Über den Dächern von Uzès: eng und verwinkelt zeigt sich der alte Stadtkern

Aquädukts mit Zement abgedichtet – in späteren Zeiten hat man Teile der **Wasserleitung** demontiert. Das durchschnittliche Gefälle der gesamten Wasserleitung betrug 34 cm pro Kilometer, die Leistung ca. 20 000 m^3 Wasser pro Tag. Benutzt wurde sie bis ins 9. Jh.

Der schon 1840 unter Denkmalschutz gestellte Pont-du-Gard, heute Weltkulturerbe der UNESCO, ist in Höhe der unteren Arkaden begehbar. Der Blick von dort ist ebenso großartig wie das Erscheinungsbild des Bauwerks in der Landschaft. Lohnend ist, die z.T. freigelegte Wasserleitung auf einem archäologischen Wanderweg weiter zu verfolgen, um so die Funktion des Baus im Zusammenhang besser zu verstehen. Weitere Informationen und viel Unterhaltung bietet **La Grande Expo du Pont-du-Gard** (Pfingsten – Okt. tgl. 9.30–19, 16. Juni – Aug. 9.30 – 21.30, Nov. – Pfingsten 10 – 18 Uhr) zur Geschichte des Aquädukts mit Kindermuseum Ludo und I-Max-Film nahe beim Parkplatz auf der rechten Flussseite, von dem aus der Pont zu Fuß zu erreichen ist.

TOP TIPP Herrliche *Wandermöglichkeiten* bieten sich auch von **Collias** aus (ca. 5 km oberhalb des Pont): Wandern zwischen Fluss und Felsen in einer traumhaft schönen, noch wenig vom Tourismus berührten Landschaft. Der Ort ist außerdem ein hervorragender Ausgangspunkt zum Schwimmen und Kanu oder Kajak fahren.

Praktische Hinweise

Information: Office de Tourisme du Pont-du-Gard, Place des Grands Jours, Remoulins, Tel./Fax 04 66 37 22 34

Hotels

Le Colombier, Pont Grad, Tel. 04 66 37 05 28, Fax 04 66 37 35 75, E-Mail: hotelresto.colombier@free.fr. Hotel mit guter Ausstattung und Restaurant am rechten Flussufer.

TOP TIPP **Le Vieux Castillon**, rue Turion Sabatier, Castillon-du-Gard, Tel. 04 66 37 61 61, Fax 04 66 37 28 17, E-Mail: vieuxcastillon@relaischateaux.com. Sehr komfortables, entsprechend teures Hotel in dem malerischen Bergstädtchen, 4 km nördlich vom Pont, in hervorragend restaurierten mittelalterlichen Gebäuden. Das Restaurant zählt zu den besten der Gegend (Anfang Jan. – Anfang März geschl.).

25 Nîmes

Plan Seite 64

Lebendige Stadt mit hervorragend erhaltenen römischen Denkmälern.

Nîmes, die Hauptstadt des Départements Gard, war ursprünglich der Hauptort eines keltischen Stammes. Die römische **Colonia Augusta Nemausus** wurde unter Augustus (31 v. Chr. – 14 n. Chr.) Altersruhesitz für die Veteranen seiner Siege über Antonius und Kleopatra in

Ägypten. An diese Siege erinnert noch heute das *Stadtwappen*, ein an eine Palme gekettetes Krokodil. François I. (1515–47), der Nîmes dieses Wappen verlieh, hat die Stadt nach Phasen des Niedergangs entscheidend gefördert und damit einen *Aufschwung* eingeleitet, der bis in die Gegenwart anhält.

Im 5.–8. Jh. versuchten die Westgoten, in ihren Ländern westlich der Rhône die christliche Lehre des *Arianismus* einzuführen, im 13. Jh. ergriff die Stadt Partei für die Albigenser, bis sie Simon de Montfort zur Kapitulation zwang. 1389 wurden die *Juden* vertrieben, die seit dem 8. Jh. eine wichtige ökonomische und kulturelle Rolle gespielt hatten. Viele von ihnen fanden im Comtat der Päpste Zuflucht.

Schließlich war Nîmes im 16. Jh. das Zentrum der *Reformation* im französischen Süden. Entsprechend hart hatte es häufig unter Verfolgungen und Zerstörungen zu leiden, die erst mit der Französischen Revolution ihr Ende fanden.

Der Nordwesten und das Zentrum

Die über den Pont-du-Gard geführte römische Wasserleitung erreicht Nîmes am **Castellum divisorium** 1 zwischen Boulevard Gambetta und Rue Rouget de L'Isle. Von hier aus wurde das Wasser in die verschiedenen Stadtteile geleitet – die Anlage ist ein einzigartiges Zeugnis antiker Ingenieurkunst. 1687 wurde über dem Castellum eine Zitadelle erbaut, um das protestantische Nîmes zu sichern. Auf dem Weg nach Süden passiert man die **Maison natale d'Alphonse Daudet** 2, das Geburtshaus des Dichters. Östlich davon erreichen wir die **Porte d'Arles** 3, auch Porte d'Auguste genannt, eines der beiden römischen *Stadttore*. Es ist in seinem unteren Bereich hervorragend erhalten – der Aufbau allerdings und die beiden flankierenden Türme fehlen. Zwei große Bögen sind für den Verkehr der Wagen in je eine Richtung vorgesehen, sie werden flankiert von niedrigeren Durchgängen für die Fußgänger. Die Mauertechnik ist ähnlich wie beim Pont-du-Gard [Nr. 24]. Große, präzise geschnittene Blöcke wurden ohne Mörtel an- und aufeinandergefügt. Die Inschrift konnte rekonstruiert werden: »Imperator Caesar Augustus (...) schenkt Tore und Mauern der Stadt«. Diese bemerkenswerte Schenkung des großen Wohltäters von Nîmes fand in den Jahren 16–15 v. Chr. statt.

Wir folgen dem Boulevard Amiral Courbet und gelangen zur **Chapelle des Jésuites** 4. Die 1673–78 erbaute Kirche dient heute als Aula für Vorträge, Ausstellungen und Konzerte. Der durch die Tradition des Ordens bedingte italienische Einschlag ist an der dem römischen Barock verpflichteten *Fassade* zu

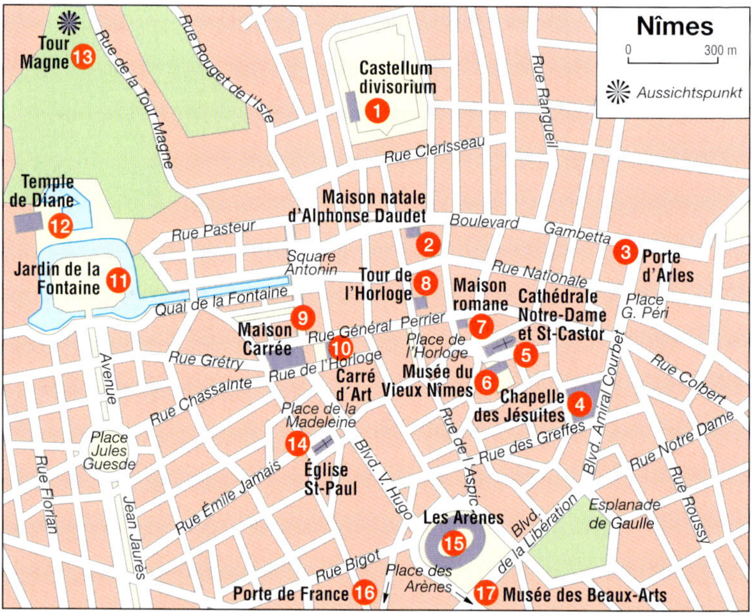

Savoir vivre mit eindrucksvoller Kulisse: vor den Mauern des Amphitheaters an der Place des Arènes in Nîmes laden zahlreiche Straßencafés zur Rast ein

erkennen. Im ehem. Jesuitenkolleg, das zwischen 1670 und 1743 am Ort eines älteren, von François I. gegründeten Instituts mit paritätischer Besetzung – die eine Hälfte des Lehrkörpers war katholisch, die andere protestantisch – erbaut wurde, ist u. a. das **Musée archéologique** (April–Sept. Di–So 10–18, Okt.–März 11–18 Uhr) untergebracht, dessen Sammlungen interessante Einblicke in die prähistorische und antike Vergangenheit der Region vermitteln.

Von hier aus ist es nicht weit zum *Zentrum* der mittelalterlichen Stadt mit der **Cathédrale Notre-Dame et St-Castor** ❺ (So nachmittag geschl.) an der Place aux Herbes. Sie geht auf das 12. Jh. zurück – aus dieser Zeit stammen noch Teile der *Westfassade* mit interessanten Figurenfriesen –, ist aber in ihrer heutigen Substanz größtenteils das Resultat von Rekonstruktionsversuchen des 19. Jh.

Im nahe gelegenen **Musée du Vieux Nîmes** ❻ (April–Sept. Di–So 10–18, Okt.–März 11–18 Uhr) kann man die Studien über die wechselhafte Geschichte der Stadt anhand von Dokumenten, Bildern, Gebrauchsgegenständen und Möbeln vertiefen.

Hier im Herzen der Altstadt stehen sehenswerte historische Bauten. In der Rue Madeleine Nr. 1 hat sich eine **Maison romane** ❼ erhalten, in der Rue des Marchands steht ein prächtiges Renaissance-Palais (Nr. 17) neben einem spätgotischen Gebäude (Nr. 15), in der Rue de l'Aspic Nr. 14 aus dem 17. Jh. verdient das prunkvolle Treppenhaus Beachtung. Auch die **Tour de l'Horloge** ❽ an der Place de l'Horloge wird man nicht übersehen, die eine späte Rekonstruktion (18. Jh.) des mittelalterlichen Stadtturms ist.

Top Tipp

Entlang der Rue de l'Horloge gelangen wir geradewegs zur **Maison Carrée** ❾ (April–Sept. tgl. 9–19, Okt.–März 9–12.30 und 14–18

Glanzstück der Antike: die Maison Carrée gilt als der besterhaltene römische Tempel

Uhr) an der Place de la Maison Carrée, einem Tempel aus augusteischer Zeit. Seinen außergewöhnlich guten Erhaltungszustand verdankt das wunderschöne Bauwerk seiner Nutzung zu verschiedensten Zwecken. Es war u. a. Rathaus, Pferdestall und Kirche, wurde im 19. Jh. restauriert und wird heute für Ausstellungen zeitgenössischer Kunst genutzt. Die Maison Carrée, ursprünglich im Zentrum der Römerstadt gelegen und von Wandelhallen umgeben, war Teil des großzügig angelegten *Forums*. Die heute nicht mehr vorhandene Weihinschrift am Giebel wies sie als Heiligtum aus, das zu Ehren der Enkel und Adoptivsöhne des Kaisers Augustus errichtet wurde. Diese Widmung erlaubt eine Datierung um Christi Geburt. Der Bau gilt als der besterhaltene römische Tempel überhaupt.

Inzwischen hat der Tempel ›Konkurrenz‹ bekommen. Gegenüber entstand mit dem **Carré d'Art** ⑩ (April – Sept. Di – So 10 – 18, Okt. – März 11 – 18 Uhr) Frankreichs erster Museumsbau für zeitgenössische Kunst außerhalb von Paris. Demonstrativ wird hier die *Gegenwartskunst* neben die Hinterlassenschaft der *Antike* gestellt. Der englische Stararchitekt *Norman Foster* spielt mit der filigranen glasdominierten Vorhalle der 1993 eröffneten Anlage auf das Architekturkonzept der Maison Carrée an. Neun Etagen, davon fünf unter der Erde, beherbergen Bibliothek und Museum. Die Sammlung konzentriert sich auf die Kunst des Mittelmeerraums. Schwerpunkte bilden die Werke der Neuen Realisten Yves Klein, César, Martial Raysse sowie Arbeiten von Tinguely, Sigmar Polke u. a.

TOP TIPP

Von hier lohnt ein Abstecher über den **Quai de la Fontaine** zu den zauberhaften Anlagen des **Jardin de la Fontaine** ⑪ (Juni – Sept. tgl. 7 – 21, Okt. – Mai 10 – 12 und 14 – 17 Uhr) westlich des Stadtzentrums, die den Abschluss der prächtigen Avenue Jean-Jaurès bilden. Der von Jacques-Phillipe Marechal ab 1745 am Fuß des Mont Cavalier angelegte *Park* birgt die berühmte **Quelle**, die der Ursprung der keltischen Stadt war. In römischer Zeit befanden sich hier u. a. Theater, Tempel und Thermenanlage. Erhalten haben sich von den zahlreichen Bauten allein die Reste des **Temple de Diane** ⑫. Er zeichnet sich durch eine eigenartige, tonnengewölbte Architekur von bemerkenswerter Qualität aus. Auch die polygonale **Tour Magne** ⑬ (tgl. 9 – 19, im Winter bis 17.30 Uhr), eine Turmruine auf der Höhe des Hügels (Aussicht!), stammt aus augusteischer Zeit. Weder zur Funktion des Tempels noch zu der des Turms hat die Wissenschaft bisher eine einhellige Meinung.

Schönheit in Serie: die Arkaden der Arena von Nîmes bieten einen prächtigen Anblick

Corrida olé! Die Pfingstferia eröffnet die Stierkampfsaison in der Arena von Nîmes

Kehren wir zurück zum Boulevard Victor Hugo, so gelangen wir vorbei an der **Église St-Paul** ⑭ aus dem 19. Jh. zur Arena.

Les Arènes

Les Arènes ⑮ (16. März–14. Okt. tgl. 9–19, sonst 10–17 Uhr, an Veranstaltungstagen geschl.), das antike Amphitheater an der Place des Arènes, ist auch heute noch voll Leben. Neben Konzerten und anderen Darbietungen finden hier regelmäßig *Stierkämpfe* (Tel. 04 66 02 80 80, Internet: www.arenesdenimes.com) statt, z. B. während der Pfingst- sowie der Weinlese-Féria im September, und zwar nicht die unblutigen, die in Südfrankreich Tradition haben, sondern solche spanischen Stils, die mit der Tötung des Stiers enden [s. S. 68]. Im Winter ist die Arena übrigens überdacht: Eine aufblasbare doppelwandige Membran mit Außenstahlring macht's möglich.

Die **Amphitheater** wurden grundsätzlich an den Rand der Städte gebaut, um so nach den beliebten Gladiatoren- und Tierkämpfen die anfallenden Leichen und Kadaver bequemer ›entsorgen‹ zu können. Unter den 70 erhaltenen römischen Amphitheatern nimmt die Arena von Nîmes der Größe nach lediglich den 20. Platz ein. Immerhin misst sie 131 x 100 m und fasst 21 000 Zuschauer. Das **System** ihrer Gänge und Ränge ist so angelegt, dass eine Füllung und Entleerung des Zuschauerovals in kürzester Zeit möglich ist. Imponierend ist die gleichmäßige Reihung der **Arkaden** im Außenbereich. Man beachte jedoch die feine Differenzierung der Bogenreliefs und die unterschiedlichen Gliederungselemente. Im Erdgeschoss werden die Bögen durch Wandpfeiler getrennt, im Obergeschoss durch mit der Wand verbundene Säulen. Oben am Gesims sind an einigen Stellen noch die Konsolen zu erkennen, an denen Stangen für die **Sonnensegel** befestigt wurden.

Im Mittelalter war das Amphitheater – wie viele andere – zu einer **Festung** um- und ausgebaut worden. 2000 Menschen lebten damals innerhalb ihrer Mauern, es gab eine Ritterburg und zwei Kapellen. Das heutige Aussehen der Arena ist das Ergebnis ihrer **Auskernung** im 19. Jh.

Der Süden

Unweit der Arena, an der Ecke Rue de St-Gilles und Rue de la République, befindet sich das zweite erhaltene römische Stadttor von Nîmes, die **Porte de France** ⑯, die aus einem einzigen großen Bogen besteht. Sie stammt ebenfalls aus der Zeit des Augustus; der Name leitet sich

Von Gladiatoren und Stieren

In der Römerzeit kämpften in den Arenen Tiere gegeneinander, Menschen gegen Tiere und Menschen gegen Menschen. Die Größe der Bauwerke zeigt, welche Faszination von den blutrünstigen Schauspielen ausgegangen sein muss. Ein Orchester oder eine Orgel spielte zu diesen Volksbelustigungen auf, und Räucherpfannen sorgten für Wohlgeruch.

Mit dem Ende der Römerherrschaft und der Erstarkung des christlichen Glaubens um 404 wurden die Gladiatorenkämpfe verboten. Die gewaltigen Amphitheater, soweit sie erhalten blieben wie etwa in **Arles** *und* **Nîmes**, *änderten ihre Funktion, sie wurden zu* **Burgen** *ausgebaut. Nachdem man sie im 19. Jh. wieder in ihren ursprünglichen Zustand zurückversetzt hatte, fand man mit der Aufführung von* **Stierkämpfen** *eine Nutzung, die an die römische Tradition anknüpfte und sich kaum geringerer Beliebtheit als diese erfreute. Den ersten Stierkampf führte man 1853 durch.*

Heute finden in Arles und Nîmes regelmäßig **Corridas**, *Stierkämpfe spanischen Stils, statt, Tausende kommen Jahr für Jahr zur Oster-Féria nach Arles und zu* **La Fête des Vins** *oder Pfingst-Féria nach Nîmes, wo die Weinlese mit Corridas in der Arena gefeiert wird. Von Juli bis September stehen in Arles Stierkämpfe spanischer und* **provenzalischer** *Tradition auf dem Programm. Die letzteren sind auch in anderen provenzalischen Städten beliebt, insbesondere an der Küste. Sie unterscheiden sich von den düster-rituellen Corridas durch ihren heiteren Volksfestcharakter. Junge Burschen setzen Witz und Geschicklichkeit gegen die Kraft des Stieres, der gejagt und gereizt, nicht aber verletzt und getötet wird.*

TOP TIPP

In Nîmes präsentiert das kleine **Musée des Cultures Taurines** *(Di–So 10–18 Uhr) in 6, rue Alexandre Ducros in unmittelbarer Nähe der Arena u. a. Bilder und Kostüme zur Tradition des Stierkampfs.*

von einer alten Inschrift zu Ehren des französischen Königs ab, die im 17. Jh. das Tor schmückte.

Die parallell verlaufende Rue Cité-Foule führt von der Arena zum **Musée des Beaux-Arts** 17 (April–Sept. Di–So 10–18, Okt.–März 11–18 Uhr), das neben einem eindrucksvollen römischen Mosaik Malerei der französischen, italienischen, flämischen und holländischen Schulen des 15.–19. Jh. zeigt – u. a. Gemälde von Giambono, Bassano, Rubens, Seghers, de Troy und Delaroche.

Ausflug

10 km südwestlich von Nîmes, erreichbar über die D 40 (der Weg ist ausgeschildert), liegt das vermutlich in der Zeit um 800 v. Chr. entstandene **Oppidum de Nages**, eines von mehreren Oppida, die der römische Gelehrte Plinius d. Ä. in seinen Reiseberichten erwähnt. Die Ausgrabungen zeigen Grundmauern von Reihenhäusern und Reste von Befestigungsanlagen. Funde und Modelle zeigt im benachbarten Nages das **Musée archéologique** (Besichtigung auf Anfrage, Tel. 04 66 35 05 26), das im 1. Stock des Bürgermeisteramtes (Mairie) untergebracht ist.

Praktische Hinweise

Information: Office de Tourisme,
6, rue Auguste, Tel. 04 66 58 38 00,
Fax 04 66 58 38 01,
Internet: www.ot-nimes.fr

Märkte

Antiquitätenmarkt (So), Porte d'Arles;
Biomarkt (Di und Fr), Av. Jean Jaurès;
Blumenmarkt (Mo), Av. Jean Jaurès;
Wochenmarkt (Mo), Bd. Gambetta.

Hotels

******Vatel**, 140, rue Vatel (4 km nördl.), Tel. 04 66 62 57 57, Fax 04 66 62 57 50. Komfortables Haus mit Hotelfachschule, Garten und hervorragendem Restaurant Les Palmiers (Ende Juli–Anf. Sept. So abends und Mo geschl.).

*****New Hôtel la Baume**, 21, rue Nationale, Tel. 04 66 76 28 42, Fax 04 66 76 28 45. Man wohnt und speist preisgünstig in einem schönen Hôtel particulier in der Altstadt.

****Amphithéâtre**, 4, rue des Arènes, Tel. 04 66 67 28 51, Fax. 04 66 67 07 79. Preiswert, zentral und gut. Kein Restaurant (20. Dez.–Jan. geschl.).

Plateau de Vaucluse – malerische Städtchen, uralte Dörfer und die Farbe Ocker

Von Nîmes aus wäre es nicht weit nach St-Gilles und Aigues-Mortes, auch nicht nach Beaucaire und Tarascon. Im Folgenden sei jedoch zunächst das Plateau de Vaucluse besprochen, jenes **Bergland** östlich von Avignon aus mächtigen Kalkschollen, das sich links der Rhône zwischen den Tälern der Nesque und dem Coulon erhebt und das wir bei unserem Abstecher nach Venasque bereits kurz berührt haben. Sanfte Höhenzüge und weite **Ebenen**, kleine verträumte Täler mit kristallklaren Wasserläufen, duftende Lavendelfelder, malerische Städtchen und uralte Dörfer machen diese liebliche Landschaft zu einem **Kleinod** von besonderer Schönheit. Der Name Vaucluse leitet sich übrigens von ›vallis clausa‹ ab und besagt soviel wie ›verschlossenes Tal‹.

26 L'Isle-sur-la-Sorgue und Fontaine-de-Vaucluse

Mittelalterliche Städtchen und die Quelle der Sorgue mit bisher unerforschten Tiefen.

Die für die Provence typischen platanengesäumten Straßen führen ins ›Landesinnere‹. **Le Thor** an der Sorgue, ein Zentrum des Obst- und Gemüseanbaus, noch in der Ebene gelegen, ist ein pittoresker Ort mit Resten der mittelalterlichen Befestigung, einem *Stadtturm* (Beffroi) und einer romanischen *Kirche* aus dem 13. Jh. Antikisierende (Portale) und lombardische Einflüsse (Apsiden) verbinden sich zu einem eindrucksvollen Ensemble. Das dunkle Kirchenschiff wird von einer frühen gotischen Tonne überwölbt.

Von Thor bietet sich ein Abstecher zur 3 km nördlich an der D 16 liegenden

Kostbare Ausstattung: die Église Notre-Dame-des-Anges in L'Isle-sur-la-Sorgue schmücken wertvolle Gemälde und erlesene Schnitzereien

Verträumtes Naturidyll: in einem grünen Teich sammelt sich das aus einer Quelle aus dem Felsen hervortretende Wasser der Sorgue in Fontaine-de-Vaucluse

Grotte de Thouzon (April–Okt. tgl. 10–12 und 14–18, März/Nov. Sa/So 14–18 Uhr), die wegen ihrer nadelfeinen Stalaktiten und farbigen Tropfsteinformen berühmt ist.

Am Fuß des Plateaus liegt **L'Isle-sur-la-Sorgue** mit seinen Brücken und Roues à eau (Wasserrädern). Sie sind Relikte aus der Zeit, als das ansässige Handwerk – Webereien, Färbereien, Papier-, Getreide- und Ölmühlen – die Wasserkraft der Sorgue nutzte. Im Zentrum des von mehreren Armen des Flusses kühl umströmten, von Platanen beschatteten Städtchens, an der Place de la Liberté, befindet sich die **Église Notre-Dame-des-Anges**. Bemerkenswert ist die reiche *Ausstattung* aus dem 17. Jh. Wertvolle *Gemälde* von Mignard, Auvan, Vouet und Parrocel wetteifern mit kostbaren Schnitzereien. Im *Chor* bildet ein Himmelfahrts-Retabel von Reynaud Levieux den dominierenden Blickpunkt. Auffallend sind die in der Provence seltenen Kreuzrippengewölbe. Sie stammen wie das gesamte Langhaus der Kirche zwar erst aus dem 17. Jh., verweisen aber auf den Ursprung des Bauwerks, dessen Chor im 15. Jh. errichtet wurde.

Auch das Hospital, das **Hôtel de Dieu** am Sorgue-Ufer (Rue Jean Théophile) ist sehenswert. Es enthält schöne Ausstattungsstücke des 17./18. Jh., doch nur die Kapelle kann besichtigt werden.

In **Fontaine-de-Vaucluse** schließlich bietet sich ein eindrucksvolles Naturschauspiel: Am Fuße eines kahlen Felsens tritt die Sorgue als mächtige Karstquelle zutage (im Sommer Ton-Bild-Schau). Die höhlenkundliche Ausstellung **Le Monde souterrain** (Juni–Sept. tgl. 9.30–19.30, Febr.–Mai, Okt./Nov. 9.30–12 und 14–17 Uhr, Dez./Jan. geschl.) im Chemin de la Fontaine zeigt u. a. interessante geologische Funde, die der Höhlenforscher Norbert Casteret zusammengetragen hat. In der benachbarten Papiermühle, **Moulin de papier** (tgl. 9–12.30 und 14–18, im Sommer tgl. 9–19.30 Uhr), zerkleinern von einem großen Wasserrad angetriebene Klöppel mit scharfen Messern Stoffreste zu einer weißen Masse, aus der nach traditionellem Verfahren handgeschöpftes Papier entsteht.

Provenzalische Santons, Krippenfiguren, präsentiert das **Musée du Santon** (tgl. 10–12.30 und 14–18 Uhr) am Marktplatz von Fontaine-de-Vaucluse.

Nach Fontaine zog sich übrigens im Jahr 1337 der damals 33-jährige italienische Dichter *Francesco Petrarca* zurück, nachdem er zehn Jahre zuvor in Avignon die verheiratete und damit für ihn unerreichbare Laura getroffen und sich in sie verliebt hatte. Ihr widmete er fortan, in der Minne-Tradition der Troubadours, sein Werk. Laura starb 1348 in Avignon an der Pest. Das **Musée bibliothèque Pétrarque** (tgl. 10–12.30 und 13.30–18 Uhr) im Zentrum erinnert an den 16-jährigen Aufenthalt Petrarcas.

Von Fontaine führt ein halbstündiger Spaziergang zur Ruine der *Bischofsburg* von Cavaillon. Von dort bietet sich eine wunderschöne Aussicht auf den Ort.

Ein Erlebnis ist eine Fahrt von Fontaine mit dem gemieteten *Kajak* auf der gemächlich fließenden Sorgue nach L'Isle-sur-la-Sorgue (oder umgekehrt).

Praktische Hinweise

Information: Office de Tourisme, place de la Liberté, L'Isle-sur-la-Sorgue, Tel. 04 90 38 04 78, Fax 04 90 38 35 43, Internet: www.ot-islesursorgue.fr. – Office de Tourisme, chemin du Gouffre, Fontaine-de-Vaucluse, Tel. 04 90 20 32 22, Fax 04 90 20 21 37

Märkte

L'Isle-sur-la-Sorgue: Markt (So) in der Altstadt, außerdem mehrtägige Trödelmärkte an Ostern und Pfingsten.

Hotel

****Cantosorgue**, cours Ferdinand Peyre, L'Isle-sur-la-Sorgue, Tel. 04 90 20 81 81, Fax 04 90 38 40 30, Internet: www.hotel-cantosorgue.com. Gutes, behindertengerechtes Hotel, stimmungsvoll an einem Seitenarm der Sorgue gelegen.

Restaurants

La Prévoté, 4, rue J.-J. Rousseau, L'Isle-sur-la-Sorgue, Tel. 04 90 38 57 29. Ausgezeichnetes Restaurant mit Garten.

Mas de Cure Bourse, 3 km südöstl. von L'Isle-sur-la-Sorgue (über die route Caumont), Tel. 04 90 38 16 58. Ausgezeichnetes Restaurant mit Garten, Pool und schöner Aussicht (Juli/Aug. Mo, 11.–28. Febr. So abends und Mo geschl.)

Philip, chemin Fontaine, Fontaine-de-Vaucluse, Tel. 04 90 20 31 81, Fax 04 90 20 28 63. Sehr gutes Restaurant mit Garten am Fuß der Kaskade (geöffnet nur Juli/Aug.).

TOP TIPP 27 Abbaye de Sénanque

Zisterzienserkloster im Tal der Sénancole.

Vorbei an Gordes führt der Weg aufs Plateau de Vaucluse. Von der Straße (D 177) aus erblickt man die Abtei: einen leuchtenden Kristall unten im Tal, umgeben von Lavendelfeldern. Sénanque verkörpert – zusammen mit den beiden anderen provenzalischen Zisterzienserklöstern Silvacane und Le Thoronet – die Baukunst der provenzalischen Zisterzienser in denkbar reinster Ausprägung.

Geschichte 1090 gründete Robert von Molesme das benediktinische Reformkloster Cîteaux in Burgund. Der Zulauf hielt sich in Grenzen, bis 1112 der charismatische **Bernhard von Clairvaux** die ›Jeunesse dorée‹ seiner Generation für das neue Ideal gemeinsamer Spiritualität mobilisierte. Bereits zu seinen Lebzeiten gab es in ganz Europa über 300 Zisterzienserklöster; kurz vor der Reformation waren es dann mehr als 700. Hinzu kamen an die 900 Abteien der Zisterzienserinnen. Im Gegensatz zu den Benediktinern ließen sich die Zisterzienser in den Tälern nieder, lehnten jeden architektonischen und skulpturalen Prunk ab, verzichteten auf hohe Türme, farbige Ausmalungen ihrer Kirchen und bunte Glasfenster. Der Orden war straff organisiert und zentralisiert, jede Gründung wurde durch ein Mutterkloster verantwortet und betreut. Das letzte Wort hat bis heute die ›Zentrale‹ in Cîteaux.

So auch im Fall von Sénanque. Das Kloster wurde 1148 auf Initiative des Bischofs von Cavaillon durch Mönche aus Mazon im Vivarais gegründet. Im ehem. Refektorium geben Karten und Stammbaum genauere Auskunft. 1544 wurde die Abtei von den Waldensern zerstört,

Großartige Eremitage der Zisterzienser in einem stillen Tal: Abbaye de Sénanque

in der Französischen Revolution schließlich aufgehoben. Dreimal, 1854, 1926 und 1988 kehrten die Mönche zurück, heute lebt hier wieder eine kleine Gemeinschaft.

Besichtigung Die sehenswerte **Klosteranlage** (Besuch zur Wahrung der klösterlichen Ruhe nur nach Absprache, Tel. 04 90 72 05 72, Fax 04 90 72 15 70, Internet: www.senaque.fr) folgt präzise dem funktionalen Plan, der für alle Klöster des Ordens verbindlich ist. Um einen **Kreuzgang** – den Bereich des Durchgangs und der Begegnung – sind die einzelnen Räume mit ihren unterschiedlichen Funktionen und Bedeutungen gruppiert. Der Rundgang beginnt im **Dormitorium** im Obergeschoss, dem Schlafsaal der Mönche. Über die große Treppe zogen sie Nacht für Nacht zum liturgischen Gesang in den Chor der **Kirche**. Diese ist eine Pfeilerbasilika mit Spitztonne im Mittelschiff und Halbtonnen in den Seitenschiffen, mit polygonaler Vierungskuppel (darüber der Dachreiter), Querschiff und fünf halbrunden Apsiden.

Der Kreuzgang führt zum **Kapitelsaal**. Nicht von ungefähr liegt dieser ›zweithöchste‹ in der Rangliste der Räume der Kirche am nächsten. Hier versammelte sich jeden Morgen die Mönchsgemeinde. Der Abt las und erläuterte ein Kapitel aus der Ordensregel und verteilte die anstehenden Arbeiten, hier wurden auch Ordensgelübde abgelegt und Verstöße gegen die Regeln geahndet. Es folgen der einzige heizbare Raum, die Latrinen über dem Bach im Obergeschoss, das **Refektorium** und die **Wirtschaftsgebäude**. Diese Bauten stammen fast alle aus dem 12. Jh.

Archaische Impressionen: Steinhütten in uralter Bauweise im Village des Bories

28 Gordes und Village des Bories

Prähistorische Wohnungen und neue Kunst im alten Schloss.

In diesem pittoresken, nach den Kriegszerstörungen von 1944 liebevoll wieder aufgebauten, vielleicht etwas zu touristisch gepflegten Bergstädtchen **Gordes** hatte *Victor Vasarély* (1908–1997) im hoch über dem Tal des Coulon sich erhebenden mächtigen *Château* aus dem 16. Jh. ein Musée didactique eingerichtet. Nach dem Tod des Künstlers wurde das Museum geschlossen.

TOP TIPP Etwa 2 km südlich des Ortes ist das **Village des Bories** einen Besuch wert. Man erreicht es über die D 15. Wo sie auf die D 2 stößt, führt rechts ein ausgeschilderter Weg zu diesem in den 60er-Jahren des 20. Jh. als *Freilichtmuseum* wieder hergestellten Dorf. Mag sein, dass die Siedlung noch auf keltische Zeit zurückgeht – vom Typus her repräsentieren die hier und anderswo in der Provence zu findenden **Bories**, auch wenn sie ihrer Substanz nach erst aus dem 16.–19. Jh. stammen, eine elementare, seit prähistorischer Zeit unverändert praktizierte Bauweise. Höhlenartige Hütten werden aus ›trocken‹ – d. h. ohne Mörtel – übereinander geschichteten, sich konzentrisch nach oben verjüngenden Steinringen gebildet, sodass ein sog. *falsches Gewölbe* entsteht. Es gibt solche urtümlichen Bauten im ganzen Mittelmeerraum. In Apulien heißen sie Trulli, auf Sardinien Nuraghen.

Praktische Hinweise

Information: Office de Tourisme, place du Château, Gordes, Tel. 04 90 72 02 75, Fax 04 90 72 02 26, Internet: www.gordes-village.com

Hotels

****La Bastide de Gordes**, route Combe, Tel. 04 90 72 12 12, Fax 04 90 72 05 20. Historisches Palais, elegant eingerichtet, mit Swimmingpool und Blick auf den Lubéron.

***Les Romarins**, route de Sénanque, Tel. 04 90 72 12 13, Fax 04 90 72 13 13. Gutes, komfortables Hotel mit Swimmingpool (15. Dez.–15. Febr. geschl.)

Malerisches Felsennest: Gordes ist wegen seiner schönen Lage ein beliebtes Fotomotiv

Restaurant

Brasserie Comptoir des Arts, place du Château, Tel. 04 90 72 01 31. Gutes Restaurant mit Garten (geschl. Mi außer Juli/Aug. sowie Di abends).

29 Roussillon

Der Ort des Ockers.

Nicht in erster Linie die bezaubernde Lage auf den Hügeln zwischen dem Plateau de Vaucluse und dem Coulon (östlich von Gordes), nicht die fantastische Aussicht von der Felsnase des einstigen **Castrum** (Rue de l'Arcade, vorbei an der Kirche; Orientierungstafel) zum Mont Ventoux und zu den Bergen des Lubéron und auch nicht das Erscheinungsbild des liebevoll restaurierten, malerischen Ortes haben Roussillon berühmt gemacht, sondern seine **Farbe**. Roussillon ist der Ort des Ockers, der hier seit dem Ende des 18. Jh. abgebaut wird. Die Landschaft und die aus dem heimischen Material erbauten Häuser schwelgen in Farben. In verschiedensten, zart abgestuften und intensiv leuchtenden Nuancen tritt das eisenhaltige **Mineral** auf, von strahlendem Gelb bis zu intensivem Rot reicht die Palette. Früher lebten etwa 1000 Menschen vom **Ockerabbau**, heute sind es – aufgrund der Konkurrenz durch die chemische Industrie – nur noch wenige Dutzend. Allerdings ist das Interesse an natürlichen Farbstoffen gegenwärtig wieder im Zunehmen begriffen. Rund 2000 t Ocker werden jährlich gefördert und verarbeitet.

Ton in Ton mit der Umgebung: Roussillon thront auf der Kuppe eines Ockerhügels

Einzigartige Leuchtkraft: Ocker von Roussillon hat als Farbstoff eine lange Tradition

Steinzeitfarben

Faszinierend ist, wenn im Morgen- oder Abendlicht die Ockerfelsen aufglühen, die das Dorf Roussillon umgeben. Schon immer hat man hier Ocker abgebaut, bereits die Steinzeitmenschen verwendeten diesen Farbstoff für ihre Höhlenmalereien.

Ocker *besteht aus einer Mischung von Tonerde und Eisenoxid. Je nach der Proportionierung der Anteile entsteht ein breites Farbspektrum, das von hellem Gelb – der Name leitet sich von der griechischen Farbbezeichnung her – bis Rostrot reicht. Das im Tagebau abgetragene Mineral wird zunächst zerkleinert und in Klärbecken ausgewaschen, die Ballaststoffe werden entfernt, und das so gewonnene* **Pigment** *wird nun getrocknet und gebrannt, wobei sich je nach Dauer und Temperatur weitere Farbnuancen herstellen lassen.*

Geht man vom Castrum über die Place Pignotte bis zum Ende des Wehrgangs, so bietet sich ein wunderbarer Blick in die **Aiguilles du Val des Fées**, die Ockerschlucht Feental. Einen reizvollen Blick auf die Naturschönheit steiler Klippen bietet die **Chaussée des Géants** (Straße der Riesen), zu der ein 30-minütiger Spaziergang führt. Die Aussichtsplattform bietet ein schönes Panorama.

Praktische Hinweise

Information: Office de Tourisme, place de la Poste, Tel. 04 90 05 60 25, Fax 04 90 05 63 31

Restaurant

David, place de la Poste, Tel. 04 90 05 60 13. Gutes Restaurant mit Garten und schöner Aussicht (14. Nov. – 18. März geschl.).

30 Apt

›Welthauptstadt der kandierten Früchte‹ mit interessanter Kathedrale.

Apt, die geschäftige Stadt am Coulon ist pittoresk und alles andere als museal. Sie lebt von der Herstellung kandierter Früchte und Marmeladen, von Lavendeldestillation und Trüffelverkauf, nicht zuletzt aber auch von der Produktion von Farben aus Ocker. Berühmt ist der Top Tipp **Marché hebdomadaire**, der Wochenmarkt, der hier jeden Samstagvormittag abgehalten wird. Erzeugnisse der Region – kandierte Früchte, Lavendelhonig, Konfitüren, Ziegenkäse – werden dann im ganzen Ortszentrum auf einem der größten und lebendigsten Märkte der Provence angeboten.

Aber auch kunsthistorisch hat die Stadt einiges zu bieten: Sehenswert ist beispielsweise in der Rue de l'Amphithéâtre die Sammlung des **Musée archéologique** (Juni–Sept. Mo/Mi/Sa 10–12 und 14–17, Okt.–Mai Mo/Mi–Fr 14–17, Sa 10–12 und 14–17 Uhr), in dem auch ein Teil des Amphitheaters der antiken Römerstadt *Apta Iulia* konserviert wurde.

Vor allem aber verdient die mitten in der Altstadt gelegene **Ancienne cathédrale Ste-Anne** (Mo und mittags geschl.) einen Besuch. Der Bau stammt aus dem 12. Jh. und wurde bis ins 18. Jh. hinein mehrfach verändert. Die Reliquien der hl. Anna werden in der prächtig ausgestatteten *Chapelle Ste-Anne* (1660) – auch Chapelle Royale genannt – im nördlichen Seitenschiff verehrt. Es war vor allem Kindersegen, um den man zur Mutter Mariens flehte. Das große *Büstenreliquiar* der Heiligen befindet sich über dem vergoldeten Altar. In der dazugehörigen Sakristei ist der interessante *Kirchenschatz* (Führungen Juli–Mitte Sept. tgl. 16 Uhr) zu besichtigen, der u. a. das Schweißtuch der Heiligen enthält und eine arabische Standarte, die beim 1. Kreuzzug im 11. Jh. erbeutet wurde. Interessant ist auch die zweistöckige *Krypta*. Ihre untere Etage ist vorromanisch, die obere romanisch. Ein antikes Kapitell trägt die Altarplatte.

Apt ist ein ausgezeichneter Ausgangspunkt für Wanderungen und Radtouren Top Tipp sowohl in die Berge des **Plateau de Vaucluse** als auch in die reizvolle **Montagne du Lubéron**. Hinweise, Prospekte, Karten und Literatur gibt es im Office de Tourisme.

Farbspaziergang: eine Tour durch die leuchtenden Ockerfelsen in den Aiguilles du Val des Fées von Roussillon ist ein faszinierendes Erlebnis

Praktische Hinweise

Information: Office de Tourisme, 20, avenue Philipp-de-Girard, Tel. 04 90 74 03 18, Fax 04 90 04 64 30, E-Mail: omt.apt@free.fr

Hotel

Relais de Roquefure, Roquefure (6 km außerhalb von Apt an der N 100 Richtung Avignon; ausgeschildert), Tel. 04 90 04 88 88, Fax 04 90 74 14 86, Internet: www.relaisderoquefure.com. Sympathisches, relativ preisgünstiges Hotel in ruhiger Lage mit Restaurant, Garten und Fahrradverleih.

Wer kann da widerstehen? Kandierte Früchte aus Apt sind eine kunstvolle Verlockung

Petite Crau und Lubéron – ein Paradies für Wanderer und Kulturfreunde

Dem mächtigen Gebirge des **Lubéron**, der das Coulon-Tal von dem der Durance trennt, ist im Westen, im Dreieck zwischen Durance und Montagnette, die fruchtbare Ebene der Petite Crau vorgelagert. An der Rhône bildet die Doppelstadt **Beaucaire-Tarascon** das Tor zum königlichen Westen, zur Camargue. Im Süden trennen die bizarren Alpilles mit dem Felsennest **Les Baux** die Petite Crau von der großen Crau.

Die Landschaft des Lubéron gehört zu den eindrucksvollsten der Provence – ein Dorado für *Wanderer*, zumal die Wege gut markiert sind. Man kann zwischen Fernwanderungen und Kurzstrecken wählen. Tief haben sich die Flüsse in das Kalkplateau eingegraben, zerklüftete Felsen und dramatische Schluchten, Pinienwälder und Lavendelfelder bestimmen das Bild dieser ruhigen, noch kaum vom Tourismus geprägten Gegend.

31 Beaucaire

Rhôneübergang, Grenzstation und Messestadt.

Das dramatische Gegenüber der Festungen von Tarascon und Beaucaire macht deutlich, dass sich hier jahrhundertelang zwei Mächte gegenüberstanden: Römisch-Deutsches Kaiser- und französisches Königreich. Gleichwohl war die Brücke zwischen den beiden Grenzfestungen immer auch ein Ort der Verbindung und des lebhaften Austauschs.

Geschichte 118 v. Chr. hatte Domitius Ahenobarbus bei Vienne die keltischen Allobroger und Averner besiegt und danach die erste römische Kolonie, die nach der keltischen Hauptstadt Narbonne benannte **Colonia Narbo Martius**, gegründet. Nach seinem Triumphzug in Rom (117 v. Chr.) widmete er sich vor allem dem Ausbau der uralten ›Straße des Herkules‹, die fortan **Via Domitia** genannt wurde. Sie führte von Spanien über Narbonne nach Nîmes und von dort weiter nach Marseille und Rom. Bei Beaucaire (röm. Ugernum) überquerte sie die Rhône.

Die Stadt war unter den Merowingern und Karolingern Hauptstadt des *Pagus Argenteus* und kam mit diesem im 11. Jh. in den Besitz der Grafen von Toulouse. Im 12. Jh. ließ Raymond VI. die **Burg**

Das Letzte Abendmahl: der romanische Figurenfries an der Fassade der Église Notre-Dame-des-Pommiers von Beaucaire beeindruckt mit erzählerischer Qualität

◁ *Einer der touristischen Höhepunkte der Provence: Felsennest Les Baux*

anlegen, und er war es auch, der 1217 in Beaucaire die größte **Handelsmesse** Westeuropas gründete. Jahr für Jahr im Juli brachte die Messe bis zu 300 000 Besucher aus allen Ländern in die Rhônestadt. Erst das Zeitalter der Eisenbahn hat der Messe von Beaucaire ihre Bedeutung genommen.

In den **Albigenserkriegen** stand die Stadt auf der Seite Raymonds VII., den sie bei der Rückgewinnung seiner von den Kreuzrittern des Simon de Montfort eroberten Gebiete tatkräftig unterstützte. 1229 freilich unterwarf sich Raymond dem König, und 1271 wurde die Grafschaft Toulouse zusammen mit dem gesamten Languedoc dem französischen Königreich einverleibt. Fortan regierte in der Burg von Beaucaire ein königlicher Seneschall.

Besichtigung Von der Place du Château führt eine Treppe zu den Resten des **Château** (Mi–Mo 10–12 und 14–17 Uhr; Greifvogelschau), umgeben von einem malerischen Park. Richelieu ließ die Burganlage schleifen, erhalten blieb allein der noch immer auf hohem Felsen imponierend aufragende *Donjon* (Bergfried). Der Aufstieg lohnt der großartigen Aussicht wegen.

Neben der Burganlage befindet sich das **Musée Auguste Jacquet** (Mi–Mo 10–12 und 14–17 Uhr). Es bietet Einblicke in die lebhafte Vergangenheit der mittelalterlichen Messestadt.

Die Altstadt mit Gebäuden des 15.–18. Jh., darunter das noble Hôtel de Ville, überragt die **Église Notre-Dame-des-Pommiers** in der Rue Ledru-Rollin, ein klassisch-strenger Bau des 18. Jh. mit elegant geschwungener Fassade. An der Ostseite fasziniert ein fast 14 m langer romanischer *Figurenfries* mit Passionsszenen aus der 2. Hälfte des 12. Jh., der vom Vorgängerbau übernommen wurde.

Praktische Hinweise

Information: Office de Tourisme, 24, cours Gambetta, Tel. 04 66 59 26 57, Fax 04 66 59 68 51, Internet: www.ot-beaucaire.fr

Hotel

*****Les Doctrinaires**, Quai du Général de Gaulle/Angle rue Rableais, Tel. 04 66 59 23 70, Fax 04 66 59 22 26. Gutes Hotel mit Restaurant, sehr stilvoll in einem Kollegiumsgebäude des 17. Jh. untergebracht (Rest. Sa mittags geschl.).

32 Tarascon

Die Burg, die Heilige und das Ungeheuer.

Tarascon, am jenseitigen, ›kaiserlichen‹ Ufer der Rhône, ist bekannt geworden durch *Alphonse Daudets* 1872 erschienenes ironisches Buch vom ›Tartarin von Tarascon‹. Man versteht freilich, dass die Einwohner der kleinen Stadt nicht allzu gut auf den provenzalischen Heimat-

Wertvoller Wandschmuck: flämische Tapisserie im Audienzsaal des Château Tarascon

Die Heilige und das Biest

Mit Tarascon verbindet sich bis heute die Erinnerung an **La Tarasque**, *jenen schrecklichen amphibischen Drachen, in dessen Bild wohl die unbändige, unberechenbare Gewalt der Rhône selbst personifiziert wurde. Der Drache, so weiß es die Legende, wurde von der* **hl. Martha** *bezwungen, die mit Lazarus und den drei Marien bei Les-Saintes-Maries-de-la-Mer [Nr. 40] an Land gegangen war und von dort nach Tarascon gelangte, wo das Ungeheuer damals sein Unwesen trieb. Martha bezwang es, nachdem es schon viele tapfere Ritter zerfleischt und verschlungen hatte, führte es am Halfter um die Stadt herum und gebot ihm, ins Wasser der Rhône zurückzukehren. Seitdem ward es nicht mehr gesehen. Allenfalls kann es als harmlose* **Papiermaschee-Attrappe** *beim jährlichen Folkloreumzug* **Tarasque** *am letzten Wochenende im Juni noch bewundert werden. Die Retterin Martha aber wird verehrt in der gotischen* **Église Ste-Marthe**, *die nach den Zerstörungen von 1944 wieder hergestellt wurde.*

TOP TIPP

Das **Grabmal** *der Heiligen in der Krypta besteht aus einem Sarkophag des 5. Jh. und einer qualitätvollen Figur der liegenden Toten aus dem 17. Jh. Rechts der Treppe verdient außerdem das Grabmal des Jean de Cossa Beachtung, des Seneschalls König Renés, ein Werk des aus Dalmatien stammenden Bildhauers* **Francesco Laurana**, *der an verschiedenen Höfen in Italien tätig war, bevor er sich 1476 in Avignon niederließ. Sein Wirken in der Provence war von entscheidender Bedeutung für die Entwicklung der Renaissance in Frankreich.*

Eine starke Frau: Reliquienbüste der hl. Martha in der Église Ste-Marthe

dichter zu sprechen sind: Sie seien, finden sie, keineswegs lächerlicher als die Bewohner vergleichbarer Städte…

Das **Château Tarascon** (April–Sept. tgl. 9–19, Okt.–März 9–12 und 14–17 Uhr) wurde an der Stelle des römischen Castrum auf einem hohen, weit in die Rhône hinaus ragenden Felsen im 13. Jh. erbaut, 1399 jedoch von Raymond de Turenne, einem Herrscher aus dem Geschlecht der Grafen von Les Baux, zerstört. Der heutige Bau stammt aus dem 15. Jh., finanziert wurde er von König René, der Tarascon zu seiner Lieblingsresidenz erwählt hatte. Die architektonischen Formen der Burg sind von großer Klarheit, kraftvoll und elegant zugleich. In ihrem erstaunlich guten Erhaltungszustand ist sie ein besonders eindrucksvolles Zeugnis mittelalterlicher Baukunst und dynastischen Herrschaftsanspruchs. Die viereckige Festung variiert mit Türmen an den Eckpunkten und Innenhof den uralten Typus des Kastells.

Im **Inneren** gelangen wir am Donjon vorbei in den Ehrenhof, zur spätgotischen *Kantorenkapelle* im Süden und durch ein zierliches Treppenhaus in den **Ostflügel** mit seiner gewölbten Galerie und den darüber befindlichen *Wohnräumen*. Diese stehen mit dem Uhrturm und der Palastkapelle in Verbindung, deren oberes Geschoss – der königlichen Familie vorbehalten – von den Wohnräumen aus erreicht werden konnte.

Im **Westflügel** (mit Artillerieturm unmittelbar an der Rhône) sind die *Repräsentationsräume* untergebracht: der Speisesaal im Erdgeschoss, der Festsaal im ersten Stock, beide Räume mit prächtigen Holzdecken. Im **Südwestturm** befand sich das Privatgemach des Königs (mit Kamin und Tellerwärmer), im zweiten Stock liegen Audienz- und Bera-

Als zauberhaftes historistisches Kirchenensemble mit Burgenflair präsentiert sich die Abtei St-Michel-de-Frigolet

tungssaal. Die Gewölbe dieser mit kostbaren Tapisserien (flämisch, 17. Jh., die Taten des Scipio Africanus darstellend) ausgestatteten Räume tragen die Terrasse. Von hier wurden 1794, als die Burg nur noch als Kerker diente, gefangene Revolutionäre in die Rhône gestürzt.

Eine Spezialität von Tarascon sind die *Indiennes* oder *Souleïados* (Sonnenstrahl). Das **Musée Charles-Deméry** (Mai–Sept Di–Sa 10–19, Okt.–April 10–17 Uhr) in der Rue Proudhon zeigt kostbare alte Druckstoffe und provenzalische Trachten des 18./19. Jh.

Praktische Hinweise

Information: Office de Tourisme, 59, rue des Halles, Tel. 04 90 91 03 52, Fax 04 90 91 22 96, Internet: www. tarascon.org

Markt

TOP TIPP Dienstags bunter Markt an der **Rue des Halles** mit einer Vielzahl von Ständen, die Indiennes anbieten.

Hotel

Des Échevins, 26, boulevard Itam, Tel. 04 90 91 01 70, Fax 04 90 43 50 44. Zentral gelegenes, gut geführtes Haus mit Restaurant (Nov.–März geschl.; Restaurant zudem Sa mittags, So abends, Mo mittags).

33 St-Michel-de-Frigolet

Romanik und Romantik im Schatten der Montagnette.

Die beschauliche Abtei St-Michel-de-Frigolet (Kirchen tgl. 8–11 und 14–18 Uhr, Klosterführung Mo–Fr 14.30, So 16 Uhr. Anmeldung am Eingang oder unter Tel. 04 90 95 70 07) liegt nordöstlich von Tarascon (an der D 81) inmitten von Pinien und Zypressen, duftendem Lavendel, Thymian und Rosmarin.

Das Kloster wurde im 10. Jh. von Mönchen aus Montmajour [Nr. 42] gegründet, die sich hierher aus den Fiebersümpfen ihres Mutterklosters zurückgezogen hatten. So wurde denn die Wallfahrtskapelle **Notre-Dame-du-Bon-Remède** (Unsere liebe Frau vom guten Heilmittel) die Keimzelle der Anlage. Sie ist heute ›eingeschmolzen‹ in ein exotisch anmutendes, üppig ausgestattetes Ensemble des 19. Jh. und bildet die Apsis des linken Seitenschiffs der 1858 von R. P. Edmond erbauten Abteikirche. Bemerkenswert sind die vergoldeten Holzarbeiten und die darin gefassten Gemälde von Mignard, die Anna von Österreich 1638 zum Dank für die Geburt des Dauphin, des späteren Ludwig XIV., gestiftet hatte.

Ältere Teile, so die ursprüngliche Abteikirche **St-Michel**, ein einfacher Bau des 11. Jh., sowie Kapitelsaal und Refektorium, wurden in das romantische Mittelalter-Ensemble einbezogen, das Edmond inszenierte, nachdem er die nach der Revolution säkularisierten Gebäude preisgünstig erworben hatte. Zeitweilig dienten sie als Pensionat und beherbergten als solches einige Jahre lang auch den jungen Frédéric Mistral.

Die von Edmond berufenen *Prämonstratenser* wurden 1880 wieder vertrieben. Sie mussten noch mehrmals das Kloster verlassen, kehrten aber jedesmal wieder zurück, zuletzt nach dem Ersten Weltkrieg, während dem im Kloster ein Gefangenenlager eingerichtet worden war.

Kräuterlikör und Sündenablass

Von den Mönchen des Klosters St-Michel-de-Frigolet weiß Alphonse Daudet die charmante Geschichte des Père Gaucher zu erzählen, dessen berühmter Kräuterlikör der armen Abtei zu unvermutetem Wohlstand und ihm selbst zu manch süßer Sünde verhalf. Die Klosteroberen waren nachsichtig mit dem armen Sünder, denn nur Pater Gaucher kannte das geheime Rezept, war in der Lage, den kostbaren Likör zu destillieren, in dessen Feuer die Kraft provenzalischer Kräuter nicht nur im Magen wohltuend ihre Wirkung entfaltet.

Der Likör ist bis heute das Kapital der Abtei, und es versteht sich, dass man es seinem Erfinder nachsah, wenn er mitunter nur schwankend das Chorgestühl erreichte und wenn sein Gesang oft gar nicht dem feierlichen Ernst gregorianischer Gepflogenheit entsprach.

34 Les Baux

Stimmungsvoller Bergort, Treffpunkt der Touristen.

Die Weiterfahrt nach Les Baux führt über *Fontvieille* mit der nahe gelegenen **Moulin de Daudet**. Die Mühle mag *Alphonse Daudet* (1840–1897) zu seinen ›Briefen aus meiner Mühle‹ inspiriert haben, wenn er, wie er es gerne und häufig tat, in Fontvieille Ferien machte. Gewohnt hat der Dichter freilich niemals in dieser Mühle. Die Briefe und Geschichten, die sich auf jene beziehen, entstanden am Schreibtisch im fernen Paris. Bemerkenswert ist der *Blick* vom Mühlenhügel über das Land, und einen Besuch wert ist auch das kleine *Museum*

Inmitten einer bizarren Felslandschaft liegt Les Baux, ein wegen seiner bewegten Vergangenheit und seines rustikalen Erscheinungsbildes viel besuchter Ort

(im Sommer tgl 9–19, sonst tgl. 9–12 und 14–18 Uhr), das dem Schriftsteller zu Ehren eingerichtet wurde.

TOP TIPP Vergangenheit und Gegenwart prallen in **Les Baux** (460 Einw.) hart aufeinander. Das einstmals mächtige Felsennest ist heute überwiegend eine gigantische *Ruine*, in der sich Menschenwerk und Natur zu dramatischer Einheit verbinden. Und im Sommer wird diese interessante, einzigartige Kulisse überflutet von Besuchern. Entsprechend schrill ist die Ausstattung des Ortes mit Kneipen, Boutiquen und Souvenirläden.

Die Felsen von Les Baux waren seit prähistorischer Zeit besiedelt, die erhaltenen Gebäude stammen vorwiegend aus dem 14.–17. Jh. Die zentrale Place St-Vincent wird von der **Église St-Vincent** und der **Chapelle des Pénitents Blancs** (17. Jh.) bestimmt. In der Kirche wird jedes Jahr in der Christnacht das Fest der Hirten, *Fête des bergers*, gefeiert, bei dem Hirten aus der Umgebung in malerischen Trachten zusammenkommen und dem neugeborenen Christuskind ein Lamm überreichen.

In der Rue Neuve beherbergt der **Ancien temple protestant** (1571) heute das Rathaus, das **Hôtel de Manville** in der Rue des Fours mit einer Fassade aus dem 16. Jh. das *Musée d'Art contemporain*, ein Museum für zeitgenössische Kunst.

Von hier führt die Rue du Trencat durch den Felsen hindurch zum **Musée d'Histoire des Baux** (tgl. 9–18.30, im Sommer bis 20 Uhr), das sich im mit schönen Kreuzrippengewölben ausgestatteten einstigen Wohnhaus der Familie de la Tour de Brau befindet. Anschließend geht es weiter zu den Ruinen der **Citadelle** bzw. des **Château** (Frühjahr tgl. 9–17.30, Sommer 9–20.30, Herbst 9–18.30, Winter 9–17 Uhr) mit ihren Türmen und der Burgkapelle. Von diesem Punkt genießt man einen unvergleichlichen **Ausblick** über Montmajour, Arles und die Ebene der Crau bis hinüber zur Camargue. An klaren Tagen sind am Horizont Les-Saintes-Maries-de-la-Mer und Aigues-Mortes zu erkennen. In der Nähe des Schlosses befindet sich auch das sog. **Kolumbarium**, eine Stätte, die zur Aufbewahrung von Urnen diente.

Vom hl. Balthasar zum Cours d'Amour

Die Ruinenstadt **Les Baux** *auf dem 900 m langen und 20 m breiten Felsenkamm der Alpilles ist Zeugnis einer großen, wilden Vergangenheit. Das mächtige Geschlecht der* **Edlen von Baux** *– der Ort gab dem 1822 hier entdeckten* **Bauxit** *seinen Namen, dem Ausgangsmineral der Aluminiumherstellung – lässt sich bis ins 8. Jh. zurückverfolgen. Die* **Legende** *greift freilich noch darüber hinaus: Sie leitet die Herkunft der Herren von Baux von* **Balthasar** *ab, einem der Heiligen Drei Könige.*

Im 11.–13. Jh. gehörten den Edlen von Baux insgesamt 79 Städte, befestigte Orte, Burgen und Schlösser, doch wichtiger als die politische Machtentfaltung erweist sich im Rückblick die **kulturelle Ausstrahlung**. *Les Baux war ein* **Cours d'Amour**, *einer jener Höfe, von denen eine neue, verfeinerte Kultur ausging, die bald ganz Europa in ihren Bann schlug. Im galanten Wettstreit der Dichter und Sänger um die Gunst einer angebeteten Frau entfaltete sich die Kunst der* **Troubadours**, *entwickelten sich Sprache, Musik und ritterliches Ethos. Als Lohn winkten dem siegreichen Troubadour eine Krone aus Pfauenfedern und ein Kuss der unerreichbaren Geliebten. Zahllos sind die ruhmreichen, zärtlichen, tragischen und grausamen Geschichten, die die Erinnerung an jene glanzvollen Tage bewahren.*

Dass der Ort schließlich zerstört wurde, hat nichts mehr mit der berühmten Familie Les Baux zu tun. Nach dem Tod der Prinzessin Alix wurde das Herrschaftsgebiet dem Territorium der Provence einverleibt und kam mit dieser 1486 an Frankreich. Aus der stolzen Seigneurie wurde eine bescheidene Baronie, die in den Konfessionskriegen noch einmal von sich reden machte.

Damals avancierte Les Baux unter der Ägide der Familie de Manville zum Stützpunkt der protestantischen Opposition. Zur Strafe ließ Ludwig XIII. Mauern und Burg des Ortes abtragen. Ein später errichtetes Schloss der Prinzen Grimaldi von Monaco wurde schließlich während der Französischen Revolution zerstört.

Praktische Hinweise

Information: Office de Tourisme, rue Port Mage, Tel. 04 90 54 34 39, Fax 04 90 54 51 15

Hotels

La Cabro d'Or, Carita (1 km südwestlich an der D 27 Richtung Arles), Tel. 04 90 54 33 21, Fax 04 90 54 45 98, Internet: www.lacabrodor.com. Viel Komfort, mit Terrasse, Blumengarten und Schwimmbad. Zimmer und Restaurant sind vorzüglich (Hotel 11. Nov.–20. Dez. geschl., Restaurant Nov.–März Mo sowie Di mittags geschl.).

Oustaù de Baumanière, Tel. 04 90 54 33 07, Fax 04 90 54 40 46, Internet: www.oustaudebaumaniere.com. Spitzenhotel, in historischem Gebäude sehr stilvoll eingerichtet. Traumhafte Küche (15. Jan.– Febr., Do mittags, Nov.–März auch Mi geschl.).

Restaurant

La Riboto de Taven, Le Val d'Enfer, Tel. 04 90 54 34 23, Internet: www.riboto-de-taven.fr. Hervorragendes und sehr schön gelegenes Restaurant mit entsprechend gehobenen Preisen. Auch 6 Zimmer bzw. Suiten (7. Jan.–15. März., Di abends außerh. der Saison sowie Mi geschl.).

35 St-Rémy-de-Provence, Les Antiques und Glanum

Vielfältige Stätten der Erinnerung im Herzen der Provence.

›Herzland der Provence‹ hat Helmut Domke in seinem bekannten Buch die Ebene der Petite Crau genannt, die sich südlich von Avignon, zwischen der Durance und den Ketten der Montagnette und der Alpilles, ausbreitet. Im Zentrum dieser Landschaft erinnert der Ort **Maillane** an *Frédéric Mistral*, der 1830 in unmittelbarer Nähe geboren wurde, hier lebte, arbeitete und 1914 starb. Wie kein anderer hat er sich um das Wiedererstarken des provenzalischen Selbstbewusstseins verdient gemacht. Er entriss zusammen mit Gleichgesinnten, den *Félibres*, das lange unterdrückte Provenzalisch der Vergessenheit. Es ging Mistral nicht um politischen Separatismus, sondern um eine *kulturelle Renaissance*, die zweifellos

Zu Ehren der Enkel des Augustus: antikes Mausoleum von Les Antiques

Früchte getragen hat, auch wenn nicht alles erreicht werden konnte, wovon ihre Initiatoren träumten.

St-Rémy-de-Provence

St-Rémy hat eine hübsche Altstadt. Hier stehen das Geburtshaus des Nostradamus (1503–1566) bei der Église St-Martin und das um 1550 entstandenen Hôtel Mistral de Mondragon an der Place Favièr, in dem das *Musée des Alpilles Pierre Brun* untergebracht ist.

Die meisten Besucher kommen aber wegen des **Ancien monastère St-Paul-de Mausole**. Das Augustinerkloster aus dem 12. Jh. mit schönem romanischem Kreuzgang ging 1605 in den Besitz der Franziskaner über und wurde von diesen im 18. Jh. umgebaut. Seit 1807 diente es als Heilanstalt. Hier verbrachte Vincent van Gogh (1853–1890) das Jahr, das seinem dramatischen Ende unmittelbar vorausging. In Phasen leidenschaftlichen Schaffensdranges, die immer wieder unterbrochen waren von Wochen der Resignation und Internierung, zog er in die Felder und Berge hinaus und malte hier etliche seiner ausdrucksstärksten Bilder.

Les Antiques

Nahe beim Augustinerkloster (an der D 5) begegnet dem Besucher gleich mehrfach und allemal eindrucksvoll die

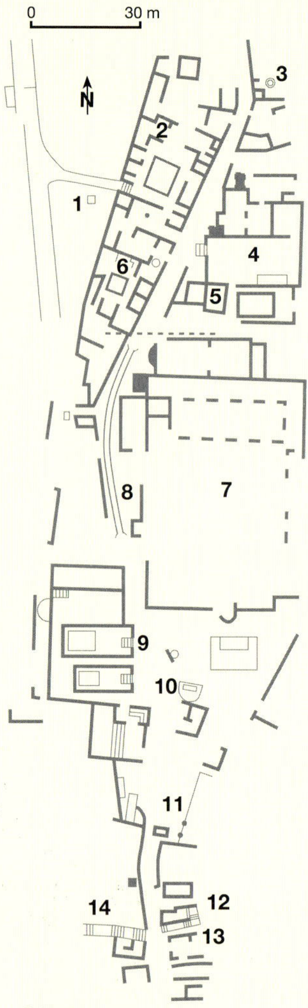

Glanum

1 Kybele-Heiligtum (Sanctuaire de Cybèle)
2 Maison des Antes
3 Springbrunnen (Vasque)
4 Thermenanlage (Thermes)
5 Maison du Capricorne
6 Maison d'Atys
7 Forum
8 Kanal
9 Tempel (Temple)
10 Brunnen (Vasque)
11 Stadttor (Porte fortifiée)
12 Heilige Quelle (Nymphée)
13 Herkules-Tempel (Autel d'Hercule)
14 Terrassenheiligtum (Sanctuaire gaulois)

römische Vergangenheit. Da erhebt sich, nur fragmentarisch erhalten, ein mächtiges **Stadt-** oder **Triumphtor**, eines der ältesten Galliens, entstanden um Christi Geburt, und daneben das **Mausoleum**, ein ebenso monumentaler wie eleganter, hervorragend erhaltener mehrgeschossiger Turmbau mit reichem skulpturalem Schmuck. Eine *Inschrift* weist darauf hin, dass Sextus, Lucius und Marcus dieses Monument für ihre Vorfahren errichteten. Vermutlich ist es ein Denkmal für die – im Kuppeltempietto als Figuren dargestellten – kaiserlichen Prinzen Caius und Lucius, die früh verstorbenen Enkel und Adoptivsöhne des Kaisers Augustus, denen damals im ganzen Reich Ehrendenkmäler errichtet wurden. Szenen aus der ›Ilias‹, z. B. der Kampf zwischen Griechen und Trojanern, verweisen symbolisch auf die Taten der ruhmreichen Toten.

Glanum

Nahebei bewahren die ausgedehnten Ausgrabungen von Glanum (April–Sept. 9–19, sonst tgl. 9–12 und 14–17 Uhr) Zeugnisse aus ganz unterschiedlichen Epochen. Man nimmt heute an, dass der Ort keltoligurischen Ursprungs ist, dass aber spätestens im Laufe des 3. Jh. v. Chr. *Griechen* hier ein Handelszentrum (Glanon) errichteten. Das *Quellheiligtum*, das wohl den Ausgangspunkt der Besiedelung bildete, war dem keltischen Gott Glan geweiht (Glanum I: ca. 6. Jh.–120 v. Chr.).

In den Kämpfen zwischen Marius und den Teutonen wurde die Stadt zerstört. Der Wiederaufbau lässt sich anhand der veränderten Mauertechnik gut rekonstruieren (Glanum II: ca. 120–49 v. Chr.). Mächtig blühte die Stadt nach dem Fall von Marseille (49 v. Chr.) auf, in der Zeit der Romanisierung der Provence. Damals entstanden Forum, Tempel, Theater und Thermen (Glanum III: 49 v.–270 n. Chr.). Doch gegen Ende des 3. Jh. n. Chr. wurde Glanum zerstört und nie wieder besiedelt.

Es lohnt sich, die freigelegten Siedlungsspuren zu entziffern. Der hier abgebildete Plan zeigt zunächst die Reste eines **Kybele-Heiligtums** [**1**], dann links ein aufwendiges Peristylhaus mit Impluvium aus dem 2. Jh. v. Chr., die sog. **Maison des Antes** [**2**]. Anten sind Wandvorsprünge, die vor allem bei antiken Tempeln die Säulenreihe der Front seitlich begrenzen. Offensichtlich fand

Tempelruinen von Glanum – die in römischer Zeit mächtige und blühende Stadt geht auf ein uraltes Quellheiligtum zurück

das Architekturmotiv auch bei Profanbauten Verwendung. Ganz im Norden, am Ende der Rue des Thermes, befand sich ein **Springbrunnen** [**3**], jenseits der Straße eine **Thermenanlage** [**4**] mit Schwimmbecken. Links der Straße liegt die **Maison du Capricorne** [**5**], benannt nach dem Steinbockmotiv ihrer Mosaiken, rechts die **Maison d'Atys** [**6**], ein griechisches Wohnhaus mit Innenhof, benannt nach der Reliefdarstellung des Gottes Atys, die hier gefunden wurde. Sie stammt vermutlich aus einer späteren Phase nach dem Umbau des Hauses zu einem Kybele-Heiligtum. Atys war einer der Geliebten der phrygischen Göttin.

Gut zu erkennen sind links die Reste des römischen **Forums** [**7**] mit Basilika, rechts davon ein mit Platten gedeckter **Kanal** [**8**]. Er verlief unter der Hauptstraße von Glanum mit zwei **Tempeln** [**9**] (rechts; wahrscheinlich Caius und Lucius geweiht) und einem **Brunnen** [**10**] sowie dem befestigten **Stadttor** [**11**]. Die Straße führt zum ältesten und heiligsten Bereich der Stadt: Links markieren die Ruinen eines *Nymphäums* die Stelle, an der die **Heilige Quelle** [**12**] entsprang. Die Anlage wurde um 20 v. Chr. von Agrippa renoviert. Aus dieser Zeit stammen die Stützbogen und der Valetudo-Tempel (Göttin der Gesundheit). Daneben stand ein **Herkules-Tempel** [**13**], gegenüber ein altes, zur aufgehenden Sonne hin orientiertes keltisches **Terrassenheiligtum** [**14**].

Das in St-Rémy in der Rue du Parage gelegene **Hôtel de Sade** (April–Sept. tgl. 9–19, sonst 9–12 und 14–18 Uhr) bewahrt als *Musée Archéologique* antike Fundstücke, darunter Vasen und Gebrauchskeramik, Bronzen und Münzen, die man im Stadtgebiet von Glanum ausgegraben hat.

Praktische Hinweise

Information: Office de Tourisme, place Jean Jaurès, Tel. 04 90 92 05 22, Fax 04 90 92 38 52

Hotels

******Domaine de Valmouriane**, 4,5 km westlich auf der Route Baux, Tel. 04 90 92 44 62, Fax 04 90 92 37 32, Internet: www.valmouriane.com. Sehr komfortables, ruhiges, jedoch teures Hotel mit Restaurant und Park.

******Hostellerie du Vallon de Valrugues**, chemin Canto Cigalo (D 99 A östlich von St-Rémy, Tel. 04 90 92 04 40, Fax 04 90 92 44 01, Internet: www.opengolfclub.com/vdv. Hotel mit Pool, Aussichtsterrasse und vorzüglichem Restaurant. Golfplatz von Servanes nahebei.

Restaurant

Croque Chou, place Lucien Pellegrin, Verquière (11 km östlich von St-Rémy), Tel. 04 90 95 18 55. Ein Spitzenrestaurant, das den Abstecher lohnt; Tischbestellung nötig (Mo und Di geschl.).

36 Cavaillon

Melonen, romanische Kathedrale und eine barocke Synagoge.

Jenseits der Durance erhebt sich das Bergland des Lubéron. Am westlichen Rand des Gebirges liegt vor prächtiger Kulisse Cavaillon, das Zentrum des Melonenanbaus.

Aber die Stadt hat auch anderes zu bieten, z. B. die wunderbare **Chapelle St-Jacques** aus dem 12. Jh., die im 16. und 17. Jh. verändert wurde. Hoch oben auf dem Felsen thront sie. Man erreicht sie zu Fuß von der Place François-Tourel, die ein **Arc romain**, ein römischer Triumphbogen, schmückt, oder mit dem Auto über die D 938 (50 m hinter der Kreuzung links abbiegen; großartige Aussicht, Orientierungstafel). Im Stadtzentrum an der Rue Diderot erhebt sich die **Ancienne cathédrale Notre-Dame-et-St-Véran** (So/Mo geschl.), zu deren Gestalt vom 12. bis zum 18. Jh. alle Epochen etwas beigetragen haben. Zu ihrer kostbaren *Ausstattung* gehören schöne Gemälde von Pierre und Nicolas Mignard sowie von Charles Parrocel und Jacques Daret, ein prächtig geschnitztes Chorgestühl (1585) und ein herrlicher romanischer Kreuzgang.

Einen Besuch wert ist die versteckt in der Rue Hébraique liegende, 1772 erbaute *Synagogue* mit ihrem eleganten Schnitzwerk und dem **Musée Juif-Comtadin** (Juli–Sept. tgl. 9.30–12 und 14.30–18.30, sonst 9–12.30 und 14–17 Uhr), zu dem auch eine Bäckerei für die rituellen Brote gehört. Die Synagoge erinnert daran, dass auch Cavaillon zur Grafschaft der Päpste (Venaissin) gehörte, die den anderswo verfolgten und vertriebenen Juden bereitwillig Asyl gewährten.

TOP TIPP

Praktische Hinweise

Information: Office de Tourisme, 79, place François-Tourel, Tel. 04 90 71 32 01, Fax 04 90 71 42 99

Restaurant

Prevot, 353, avenue Verdun, Tel. 04 90 71 32 43, Fax 04 90 71 97 05. Hervorragende Küche (So abends und Mo geschl.).

37 Montagne du Lubéron

Durch die Berge des Lubéron zur Zisterzienserabtei Silvacane im Tal der Durance.

Die Fahrt zur Zisterzienserabtei Silvacane führt mitten hinein in die faszinierende Bergwelt des Lubéron mit ihren dichten *Wäldern* und violettblauen, außerhalb der Blütezeit silbergrauen *Lavendelfeldern*, entlang der Durance und bald auch in Sichtweite der alpinen Berge der Haute-Provence.

Auf dem Weg nach Ménerbes lohnt ein Abstecher zu dem traumhaft gelegenen, einst völlig verlassenen Bergdorf

Gemütliche Straßencafés laden in Lourmarin schon zur Vorsaison zu einer Pause ein

Schafherden auf dem Weg in die Lavendelfelder: Landschaftsidylle im Angesicht der Hügel- und Bergketten des Lubéron

Oppède-le-Vieux, das von Künstlern und Kunsthandwerkern zu neuem Leben erweckt wurde (von Cavaillon über die D 2 Richtung Apt, nach ca. 7 km dann auf die D 29).

Von hier aus ist es dann nicht weit nach **Ménerbes**, das als einer der schönsten Orte in Frankreich gilt. Der pittoreske, auf steiler Höhe wehrhaft befestigte Bourg war in den Religionskriegen erbittert verteidigter Zufluchtsort der Protestanten. Die Burg stammt aus dem 13., die Kirche aus dem 14. Jh.

Wir folgen der D 109 nach Lacoste. Unterwegs führt ein holpriger Pfad (Hinweisschild) in die Wildnis zur **Abbaye de St-Hilaire**. Die Reste des Klosters, ursprünglich eine Gründung der Karmeliter (13. Jh.), kamen nach wechselhafter Geschichte in Privatbesitz und wurden wieder hergestellt. Jedes Jahr am 15. August wird eine Messe in der Klosterkirche zelebriert.

Lacoste verbindet sich mit dem Namen einer der schillerndsten Figuren der neueren Kulturgeschichte: mit Donatien-Alphonse-François, dem *Marquis de Sade* (1740–1814), der insgesamt 27 Jahre seines Lebens wegen seiner provozierenden Ausschweifungen, politischen Delikte und skandalösen Veröffentlichungen im Gefängnis zubrachte, bis ihn Napoleon ab 1803 für den Rest seines Lebens ins Irrenhaus sperrte. Lacoste war seit 1716 der Stammsitz seiner Familie und des Marquis' Lieblingsschloss. Hier verbarg er sich immer wieder vor der Polizei, bis schließlich 1778 seine Schwiegermutter dafür sorgte, dass er in der Bastille in Gewahrsam genommen wurde.

Wir queren den Lubéron und halten noch einmal in **Bonnieux**. In der Umgebung gibt es einige *Bories*, am südlichen Rand der Altstadt, in der Route de Lourmarin, das Bäckereimuseum *Musée de la Boulangerie* (Juni–Sept. Mi–Mo 10–12 und 14–17 Uhr, sonst nur Sa/So/Fei). Die alte, von Zedern umgebene Kirche *Église Vieille* im hoch gelegenen Ortskern – von der nahen Terrasse bietet sich eine prächtige Aussicht – bezeugt das Wirken des 12–18. Jh.

In **Lourmarin** ist das Schloss Anziehungspunkt, da es als Kulturzentrum für Ausstellungen und zahlreiche sommer-

Würdevolle Strenge: die Abbaye de Silvacane wurde von den Zisterziensern gemäß den asketischen Richtlinien der Ordensarchitektur im 12. Jh. errichtet

liche Konzerte fungiert. Von der Terrasse genießt man einen großartigen Blick hinunter ins Tal der Durance. Im Süden wird die von Paul Cézannes Bildern her vertraute Montagne Ste-Victoire sichtbar. Das **Château** (Juli/Aug. Führungen 9.30 –11.30 und 15–18 Uhr; Sept./Okt. und April–Juni tgl. 11, 14.30, 15.30 und 16.30 Uhr) besteht aus einem älteren Teil (Château vieux, 15. Jh.) und einem edel gegliederten Renaissancebau (Château neuf). Auf dem Friedhof des Ortes liegt *Albert Camus* (1913–1960) begraben.

Wir folgen der D 943 hinunter ins Tal der Durance. Ziel ist das ehem. Zisterzienserkloster **Abbaye de Silvacane** (April–Sept. 10–18, Okt.–März 10–13 und 14–17 Uhr). Es geht zurück auf ein bereits im 11. Jh. von Mönchen von St-Victor in Marseille [s. S. 122] im feuchten Ries (›Sylva cana‹) des Durancetals gegründetes Kloster, das sich im 12. Jh. dem Zisterzienserorden anschloss. 1147 schenkten Guillaume de la Roque und Raymond de Baux der Abtei ausgedehnte Ländereien. Sie stand bis 1357 in Blüte, wurde danach durch Brand zerstört, 1443 vom Kapitel St-Sauveur in Aix erworben, in der Revolution profaniert und schließlich im 19. Jh. restauriert und wieder zugänglich gemacht. *Grundriss* und *Anlage* folgen weitgehend dem Vorbild der Abbaye de Sénanque [Nr. 27], diese Übereinstimmung ist charakteristisch für das strenge Reglement der Ordensarchitektur. Allerdings sind die *Apsiden* in Sénanque halbkreisförmig, die der 1175 begonnenen *Klosterkirche* Silvacane dagegen rechteckig geschlossen. In der nördlichen Kapelle sind Reste vom *Grab des Bertrand de Baux*, des Erbauers der Kirche, und eines Enkels des Klostergründers, zu sehen. Das prächtige *Refektorium* stammt aus dem 15. Jh., die Gebäude der Laienbrüder sind nicht erhalten.

Praktische Hinweise

Information: Office de Tourisme, 9, av. Philippe de Girard, Lourmarin, Tel./Fax 04 90 68 10 77, Internet: www.lourmarin.com

Hotels

De Guilles, 2 km außerhalb inmitten von Weinbergen gelegen, über die D 56, Route de Vaugines, Tel. 04 90 68 30 55, Fax 04 90 68 37 41. Ehem. Landhaus mit Park, Schwimmbad, Restaurant (Jan. und 19. Nov.–2. Dez. geschl., Rest. So abends und Mi, außer Juli/Aug.).

Le Paradou, 1 km auf der Route Apt, Tel. 04 90 68 04 05, Fax 04 90 08 54 94. Angenehme Lage, Terrasse, preiswerte Zimmer und provenzalische Küche.

Camargue – im Delta der Rhône

Südlich von Beaucaire und Tarascon verzweigt sich die Rhône zu einem gewaltigen Mündungsdelta, einem beinah gleichschenkligen Dreieck. Die westliche Seite des Dreiecks wird durch die *Petit Rhône* gebildet, die kurz vor Arles nach Westen abzweigt, und den *Canal du Rhône à Sète*, der von Beaucaire über **St-Gilles** nach **Aigues-Mortes** führt, zum lange Zeit einzigen Mittelmeerhafen des französischen Königs. Die östliche Begrenzung bildet die *Grand Rhône* die, sich immer weiter verzweigend, von Arles nach Port-St-Louis fließt. Auf der östlichen Seite wird sie vom *Canal de Marseille* begleitet, der bei der Industriestadt Fos in den **Golfe de Fos** mündet.

Dazwischen breitet sich das weite, dünn besiedelte **Sumpfland** der Camargue aus, eine von Gräben und Wasseradern durchzogene amphibische Landschaft. Weite Bereiche der Camargue sind fast oder ganz unbewohnt. Im Norden erstrecken sich weite **Reisfelder**. Ursprünglich zur Entsalzung des Bodens angelegt, bilden sie heute eine wichtige Erwerbsgrundlage. Im Süden, vor allem im Bereich des Etang de Vaccarès mit seinen kleineren Lagunenseen, sind größere Areale als **Naturschutzgebiet** (Réserve naturelle) ausgewiesen und daher nur mit besonderer Erlaubnis zugänglich.

38 St-Gilles

Die romanische ›Schaubühne‹ des hl. Aegidius – Wallfahrtszentrum im Mittelalter.

Eine bedeutende Sehenswürdigkeit hat der Ort St-Gilles aufzuweisen und zwar die Fassade der *Église St-Gilles*. Der Bau selbst ist nur als Torso erhalten, und auch die Fassade hat Schäden erlitten, doch sie hat nicht ihresgleichen. Sie verweist zugleich auf die große Bedeutung, die dieser kleine Ort im Mittelalter hatte.

Geschichte Die Namen bedeutender Persönlichkeiten verbinden sich mit St-Gilles und seinem Kloster: Im 10. Jh. kam der Ort in den Besitz der Grafen von Toulouse; der wohl bedeutendste von ihnen, **Raymond IV.**, einer der Anführer des 1. Kreuzzuges (1096–99), wurde wahrscheinlich hier geboren. Er nannte sich ›von St-Gilles‹ und machte die Stadt nicht nur zum *Stammsitz* seiner Familie – vom Schloss ist leider ebensowenig erhalten wie von den bedeutenden Kreuzritterzentren der Johanniter und der Templer –, sondern zugleich zu einem blühenden Knotenpunkt des Handels. Die Seemächte Pisa und Genua schlugen hier ihre Stützpunkte auf und sie brachten italienische Geldwechsler mit. Im 12./13. Jh. war St-Gilles mit seinen rund 40 000 Einwohnern bereits eine der größten **Hafenstädte** am Mittelmeer.

Keineswegs nur in Südfrankreich führte im 11./12. Jh. die Unzufriedenheit mit der offiziellen Kirche, ihrem Reichtum und ihrem seit dem Investiturstreit mit Nachdruck verfochtenen Machtanspruch zum Entstehen neuer Lehren, die vom Klerus erbittert bekämpft wurden. 1136 wurde vor den Toren von St-Gilles ein erster Scheiterhaufen entzündet: Der Prediger **Petrus Brusius** (Pierre de Bruis) musste dafür, dass er die Gottheit Christi und die Autorität des Papstes in Frage gestellt hatte, mit dem Leben büßen.

Der Tod des Häretikers wirkt im nachhinein betrachtet wie ein Fanal: Die strenge, manichäisch beeinflusste, auf die Polarität von Gut und Böse konzentrierte Lehre der *Katharer* (griech. die Reinen) hatte sich im Einflussbereich der toleranten Grafen von Toulouse ungehindert verbreitet. Nach einem ihrer Zentren, Albi, wurden die Anhänger dieser aus Osteuropa kommenden Religion auch **Albigenser** genannt. Die Kirche versuchte zunächst, durch Predigten und Disputationen die ›Irrgläubigen‹ auf den rechten Weg zurückzuführen – insbesondere der hl. Dominikus und seine **Dominikaner** widmeten sich dieser Aufgabe.

Die Ermordung des päpstlichen Legaten Pierre de Castelnau verschärfte 1209 die Situation. Papst Innozenz III. (1198–1216) rief zum **Kreuzzug** auf, nun nicht gegen ›Ungläubige‹ im fernen, sondern gegen Christen im eigenen Land. Raymond VI. wurde der Mittäterschaft bezichtigt und exkommuniziert, seine Ländereien wurden als Prämie ausgesetzt. Er unterwarf sich 1209 vor den Portalen von St-Gilles der Kirche, doch er konnte den Kreuzzug nicht mehr abwenden, der schließlich nach 20-jährigen Kämpfen 1229 mit der Angliederung des gesamten rechts der Rhône gelegenen Midi an Frankreich endete.

Besichtigung Nicht nur mit Papst Innozenz III., sondern auch mit einem seiner Nachfolger ist St-Gilles eng verbunden: Clemens IV. (1265–68) soll in der **Maison romane** (Mo–Sa 9–12 und 14–17, Juli/Aug. bis 18 Uhr, Jan. sowie So/Fei geschl.), dem romanischen Haus an der Place de la République, geboren worden sein. In dem Gebäude aus dem 12. Jh. (im 19. Jh. stark restauriert) sind ein Sarkophag der Schule von Arles (3. Jh.), Skulpturenfragmente aus der Abteikirche sowie alte Geräte provenzalischer Küfer, Wein- und Olivenbauern etc. zu sehen.

Clemens IV. hat St-Gilles mehrfach besucht, vor ihm hatten schon zahlreiche Päpste am Grab des hl. Aegidius gebetet. Einer von ihnen war Urban II., der bei einem seiner Besuche, 1095/96, TOP TIPP die Abteikirche **Église St-Gilles** weihte. Von diesem Neubau, der *Basilica nova*, die damals noch keineswegs vollendet war, ist heute nicht mehr allzu viel erhalten. Immerhin sind die Fundamente des *Umgangschors* mit fünf Radialkapellen noch zu erkennen. Vom 1562 in den Religionskriegen zerstörten *Langhaus* sind nur noch Reste erhalten, ein Teil der westlichen Querhauswand und die zugehörige *Vis de St-Gilles* (Vis = Wendeltreppe) mit ihrem gewundenen Tonnengewölbe, einer technischen und ästhetischen Meisterleistung. Sehr be-

Wallfahrtsorte und Pilgerwege

Kirche und Ort St-Gilles gehen auf eine Einsiedelei des **hl. Aegidius** *(franz. Gilles) zurück, der, aus Athen kommend, sich im 8 Jh. hier in der Wildnis niedergelassen hatte. Eine Hindin (Hirschkuh) soll ihn mit Nahrung versorgt haben; sie ist das Attribut des heiligen Einsiedlers, der – nicht nur in Frankreich – sehr häufig dargestellt wird, denn er zählt aufgrund zahlreicher ihm zugeschriebener Wundertaten zu den* **Vierzehn Nothelfern**, *die im Mittelalter außerordentliche Verehrung erfuhren.*

Die Legende berichtet, dass die Jäger des Westgotenkönigs Wamba den Einsiedler fanden, als sie seiner Hindin nachstellten. Am Ort der Eremitenklause wurde daraufhin ein Kloster gegründet und Aegidius zu dessen erstem **Abt** *ernannt.*

Die **Wallfahrt** *zu seinem Grab war im Mittelalter gleichbedeutend mit denen zu den großen religiösen Zentren von Rom, Jerusalem oder Santiago de Compostela. Neben der geographisch außerordentlich günstigen Lage am Schnittpunkt wichtiger Straßen und an einem schiffbaren Nebenarm der Rhône trug zum Wachstum und zur Bedeutung der Abtei wesentlich bei, dass St-Gilles nicht nur selbst ein bedeutender Wallfahrtsort war, der zahlreiche Pilger anzog, sondern zugleich Etappenstation an einer der großen Wallfahrtsstraßen nach* **Santiago de Compostela** *im spanischen Galizien.*

Es gab in Frankreich vier **Chemins de St-Jacques** *(Jakobswege), die bereits auf mittelalterlichen Landkarten verzeichnet waren und an denen Kirchen, Klöster und Hospize den Pilgern Rast und Unterkunft boten. St-Gilles lag am Arles-Weg, der* **Via Tolosana**, *die von Arles nach Toulouse und von da über den Somportpass nach Puente de la Reina führte.*

Aber es gab noch eine andere Wallfahrtsroute, die im Volksmund **Chemin de St-Gilles** *genannt wurde: Von Paris aus (man traf sich bezeichnenderweise vor der Kirche St-Leu-St-Gilles) führte sie über das Massif Central, die alte Via Regordana entlang, zur Hafenstadt St-Gilles, von wo aus man sich dann nach Rom einschiffte.*

Romanisches Meisterwerk: die Portalanlage der Abteikirche St-Gilles mit ihrem lebendigen Bildprogramm ist formal noch der Antike verpflichtet

merkenswert ist die großangelegte dreischiffige **Krypta** (Mo–Sa 9–13 und 14–17.30, im Sommer bis 18 Uhr) unter dem Langhaus, die möglicherweise als Übernachtungsquartier der Pilger diente. Eine Inschrift am ersten südlichen Strebepfeiler nennt als Datum des Baubeginns das Jahr 1116. Älter ist wohl das Joch der *Confessio* (11. Jh.), das früher das Heiligengrab enthielt, jünger dagegen die flache Kreuzrippenwölbung des Mittelschiffs, die als eine der frühesten Anwendungen dieses Architekturmodells in Frankreich gelten darf.

Während der Religionskriege zerstörten bilderstürmende Protestanten 1562 auch Teile der *Portalfiguren*, und das Kloster diente den Reformierten vorübergehend als Festung. 1622 konnte das königliche Heer gerade noch den Abriss der **Fassade** verhindern. Diese gilt, wiewohl nur in ihrem Untergeschoss erhalten, neben der von St-Trophime in Arles [s. S. 100] als das bedeutendste Beispiel romanischer Skulptur in Südfrankreich.

Der Aufbau der Fassade orientiert sich formal an der Schauwand eines antiken Theaters, das Programm repräsentiert das Himmlische Jerusalem. Die beiden *äußeren Bogenfelder* konfrontieren Anbetung (Heilige Drei Könige, links) und Leiden (Kreuzigung, rechts) miteinander. Das *mittlere* zeigt die Wiederkunft des thronenden Christus (Majestas Domini, 17. Jh., anstelle des verlorenen Originals). Die *Relieffriese* unterhalb der Bogenfelder beschreiben Szenen aus dem Leben Jesu, u. a. Einzug in Jerusalem, Letztes Abendmahl und Kreuzigung. In der darunter liegenden Zone der *Säulen und Pilaster* bilden wehrhafte Engel (links Michael, rechts Kampf mit dem Satan) die Eckpfeiler. Dazwischen sind die Repräsentanten der Kirche und die Garanten der Lehre aufgereiht, die z. T. an ihren Attributen erkennbaren Apostel Matthäus, Bartholomäus, Thomas, Jakobus d. Ä., Paulus u. a. In der nur fragmentarisch erhaltenen *unteren Zone* sind Szenen der Gewalt, des Kampfes dargestellt, z. B. die Ermordung Abels durch Kain. Auf dieser ›irdischen‹ Basis baut sich das Heilsgebäude auf, dessen Szenen Inhalte herausgreift und betont, die damals Gegenstand der Auseinandersetzung mit den Ketzern waren. So findet sich im *rechten Bogenfeld* (Kreuzigung) eine Fülle von Anspielungen auf die Kreuzzugsidee, denn die eigentlich römischen Soldaten sind hier als christliche Ritter dargestellt.

Nicht nur in der **Gesamtkonzeption**, der Fassade sondern auch in den skulpturalen Details ist der Einfluss der *Antike* unübersehbar. So erinnern z. B. die ausdrucksstarken Passionsszenen an Reliefs antiker Sarkophage. Die **Entstehungszeit** der Arbeiten ist um 1150 anzusetzen.

Praktische Hinweise

Information: Office de Tourisme, place Frédéric Mistral, Tel. 04 66 87 33 75, Fax 04 66 87 16 28

Turmgeschichten

Die mächtige **Tour de Constance** *mit ihren schönen Räumen lässt das Leid nicht ahnen, das hier über Jahrhunderte hinweg Menschen angetan wurde: In diesem Turm harrten achtzig* **Tempelherren** *drei Jahre lang ihrer Hinrichtung – Opfer jener brutalen und verleumderischen Aktion, mit der 1312 Philipp IV. dem mächtigen und wohlhabenden Ritterorden den Garaus machte und dessen Vermögen, denn nur um dieses ging es ihm, einzog [s. S. 50].*

Später, im 18. Jh., wurden hier standhafte **Protestanten** *gefangen gehalten. Dem Hugenottenführer Abraham Mazel gelang es 1705 mit Hilfe zusammengeknoteter Decken, aus dem Turm zu fliehen. 16 Mithäftlinge entkamen, beim 17. rissen die Decken, 14 weitere Glaubensgenossen blieben zurück. Auch* **Marie Durand** *(1712–1776) schmachtete hier. Sie war mit 18 Jahren ihres hugenottischen Glaubens wegen inhaftiert worden und weigerte sich, ihrer Überzeugung abzuschwören. 1768 schließlich wurde sie mit ihren zehn Genossinnen vom Gouverneur des Languedoc freigelassen – nach 38-jähriger Gefangenschaft.*

Gefängnis mit Lichtblick: der Wehrturm Tour de Constance in Aigues-Mortes

Hotel

****Le Cours**, 10, avenue F.-Griffeuille, Tel. 04 66 87 31 93, Fax 04 66 87 31 83, Interent: www.hotel-le-cours.com. Gutes, mittelpreisiges Hotel. Dazu gehört das Restaurant La Rascasse in derselben Straße, Tel. 04 66 87 42 96.

39 Aigues-Mortes

Mittelalterliche ›Retortenstadt‹ am Mittelmeer.

Die Geschichte der Machtentfaltung des französischen Königtums ist auch eine Geschichte der Expansion nach Süden. Zwar waren die Grafen von Toulouse und andere Dynastien des Languedoc längst Lehensträger des Königs, doch er selbst besaß kein Land am Mittelmeer. Um eine Rolle im internationalen Handel spielen zu können – hier gaben im 13. Jh. noch Pisa und Genua den Ton an –, aber vor allem, um eine Basis für den geplanten Kreuzzug zu haben, war ein solcher *Stützpunkt* jedoch dringend erforderlich.

Geschichte 1240 gelang es Ludwig IX., dem ›Heiligen‹, ein Stück öden Marschlandes von der einstmals berühmten, heute spurlos verschwundenen Abtei Psalmodi zu erwerben. Ein mächtiger Turm, die *Tour de Constance*, wurde errichtet, ein schiffbarer Kanal angelegt und bis Beaucaire [Nr. 31] geführt, eine Stadt nach streng rationalem Schachbrettplan angelegt – eine von rund 400 ›Bastides‹, die im 13./14. Jh. entstanden.

Doch die **Retortenstadt** Aigues-Mortes in den Fiebersümpfen der ›Toten Wasser‹ hatte keine Zukunft. Das Klima war ungesund, der Hafen der Lagune versandete bald, die Bewohner verließen die Stadt, deren mittelalterliches Ambiente folglich weitgehend erhalten blieb. Aigues-Mortes lebt heute vom **Tourismus** und von der **Salzgewinnung**. Salzteiche und Pyramiden aufgeschütteten Salzes säumen den Weg nach Süden.

Besichtigung Der Grundriss ist ein nahezu regelmäßiges Viereck, die Straßen verlaufen rechtwinklig. Auf der kleinen zentralen *Place St-Louis* wurde 1849 das eiserne *Standbild* des Stadtgründers Ludwig IX. von Pradier aufgestellt. Streng umschließt die komplett erhaltene **Mauer** die Stadt, und streng rhythmisiert die alternierende Folge der fünf kleineren

Beeindruckendes Zeugnis mittelalterlichen Städtebaus ist Aigues-Mortes mit seiner Wehrmauer und der imposanten Tour de Constance (links)

und fünf größeren **Tore** dieses wehrhafte Korsett. In einer Ausbuchtung der Stadtmauer erhebt sich 34 m hoch die vorgelagerte **Tour de Constance** (März–April und Okt. tgl. 10–18, Mai–Sept. 9–19, Juni–Aug. 9–20, Nov.–Jan. 10–17 Uhr). Den Turm sollte man unbedingt besteigen, denn der Blick von oben ist informativ und imponierend zugleich. Die Tour hat 6 m dicke Mauern, ihre Tore waren durch Fallgitter und Wurfschächte gesichert, doch im Inneren dominieren Maß und Eleganz. Vom *Untergeschoss* des Turms mit seiner *Salle des Gardes* führt eine Wendeltreppe ins erste Obergeschoss mit dem *Oratoire-de-St-Louis* (bemerkenswerter Kamin) und der *Salle des Chevaliers*, in der einst Hugenotten gefangen gehalten wurden. Sternförmigen Rippengewölbe schließen die beiden *Turmgeschosse*, eine enge Treppe führt hinauf zum im 14. Jh. aufgesetzten Türmchen, von dem einst der Wächter Ausschau hielt und auf dem ein Leuchtfeuer brannte.

Dem Turm zu Füßen lag der **Hafen**. Es gab damals zwei Becken, die beide nicht mehr vorhanden sind. Von hier aus brachen die Ritter des Königs Ludwig zu ihren Kreuzzügen 1248 und 1270 auf.

Westlich von Aigues-Mortes entstand Jahrhunderte später mit **La Grande Motte** eine zweite, nicht weniger künstliche Stadt, die heute Tausende von Besuchern anzieht. Die Planung von La Grande Motte (der ›großen Scholle‹) geht auf die späten 1950er-Jahre zurück und ging von Paris aus. Die Idee war, in einem gigantischen Bauvorhaben die Küste touristisch zu erschließen und auf diese Weise dem wirtschaftlich benachteiligten Süden, der im Schatten der Côte d'Azur stand, auf die Beine zu helfen.

Praktische Hinweise

Information: Office de Tourisme, porte de la Gardette, Tel. 04 66 53 73 00, Fax 04 66 53 65 94, Internet: www.ot-aiguesmortes.fr

Salinen

Salins du Midi: Führungen der Fremdenverkehrsämter Aigues-Mortes und Le Grau du Roi, Tel. 04 66 51 67 70

Hotel

****Croisades**, 2, rue Port, Tel. 04 66 53 67 85, Fax 04 66 53 72 95. Preiswerte Unterkunft (15.–30. Nov., 15. Dez.–15. Jan., 1.–15. März geschl.).

Restaurant

Arcade, 23, boulevard Gambetta, Tel. 04 66 53 81 13, Fax 04 66 53 75 46. Gutes Restaurant in einem stilvollen Gebäude des 16. Jh. (13.–28. Nov., 13. Febr.–5. März geschl.).

Zug der Säbelschnäbler: die Camargue ist dank des Naturschutzes noch heute ein reich bevölkertes Vogelparadies

Das Naturschutzgebiet Camargue

Große Teile der Camargue, des sumpfigen, von zahlreichen Wasserläufen durchzogenen Mündungsgebiets der Rhône, sind seit 1928 Naturschutzgebiet. Der heutige **Parc Naturel Régional de Camargue** *umfasste zunächst rund um die* **Lagune des Etang de Vaccarès** *ein Areal von 15 000 ha, in dem weder gejagt noch gefischt werden durfte. 1934 kaufte der Staat ein zweites, 30 km² großes Gebiet,* **Les Impériaux***, hinzu. Hier befinden sich ausgedehnte Brutgebiete von Wasservögeln. Um der Gefährdung durch den zunehmenden Tourismus zu begegnen, wurden 1970 das gesamte Rhônedelta und das Gebiet um Aigues-Mortes zum Naturschutzgebiet Camargue (Réserve naturelle) erklärt.*

Es gibt eine Reihe von markierten Fahrstraßen und Fußwegen, die befahren bzw. begangen werden dürfen, andere sind ohne Sondergenehmigung der Réserve naturelle de Camargue (Arles, Tel. 04 90 97 10 40) nicht benutzbar. Man sollte sich, um die einzigartige Flora und Fauna dieses amphibischen Naturgebietes nicht zu gefährden, unbedingt an die Bestimmungen halten – Schilder markieren präzise die Grenzen des betretbaren Areals.

Einen guten Einblick in Fauna, Flora, landwirtschaftliche Nutzung und Brauchtum der Camargue gibt das im Mas du Pont de Rousty nahe Albaron eingerichtete **Musée Camarguais** *(April–Sept. tgl. 9.15–18, Juli/Aug. 9.15–18.45, Okt.–März Mi–Mo 10–17 Uhr, Tel. 04 90 97 10 82), zu dem auch ein interessanter Natur- und Landwirtschaftslehrpfad gehört.*

Auch ohne verbotenerweise in das Naturschutzgebiet einzudringen besteht gute Gelegenheit, faszinierende Beobachtungen zu machen: Die schwarzen **Stiere** *und weißen* **Pferde** *sind unschwer auszumachen, auch die prächtigen* **Flamingos** *wird man zu Gesicht bekommen. Darüber hinaus kann man mit etwas Glück verschiedenste Reiher, Möwen- und Entenarten, Kormorane und Tölpel, Sturm- und Brachvögel, Kraniche, Bienenfresser, Milane und Geier etc. sehen.*

Erlebnislandschaft Camargue: den Naturpark durchstreifen Besucher zuweilen sogar auf dem Rücken der berühmten weißen Pferde

40 Les-Saintes-Maries-de-la-Mer

Stadt der Marien und der ›Zigeuner‹.

Hauptort der Camargue, rund 20 km südöstlich von Aigues-Mortes gelegen, ist der Wallfahrtsort Les-Saintes-Maries-de-la-Mer mit seiner zum Schutz vor Seeräubereinfällen trutzig befestigten Kirche. Vom *Einkaufs-* und *Marktzentrum* der südlichen Camargue hat er sich, als Ausgangspunkt für Ausflüge in die reizvolle Landschaft und wegen seiner einladenden *Sandstrände*, zu einem in der Sommersaison überaus belebten Touristenort entwickelt.

Die **Église Notre-Dame-de-la-Mer** im Zentrum (Place de l'Église), zwischen 1140 und 1180 erbaut, ist nicht allein für die Marienverehrung von Interesse. Ihr dunkler, höhlenartiger Innenraum ist die klassische Verkörperung des Raumideals provenzalischer Romanik. **Außen** gibt sich die Kirche geschlossen, kompakt und wehrhaft. Man wird seine Gründe

Strandvergnügen im Wallfahrtsort: in Les-Saintes-Maries-de-la-Mer verbinden sich alte religiöse Reiseriten mit modernem Tourismus

Salz für die Suppe: die Salines du Midi in der Camargue

dafür gehabt haben, denn diese Küsten waren nie sicher vor mordenden und plündernden Seeräubern, die es auf die Schätze von Klöstern und Wallfahrtskirchen abgesehen hatten. Man sollte das steinerne *Dach* der zinnenbewehrten Kirche besteigen – der Rundblick lohnt die geringe Mühe. Der Wehrgang entstand bereits in der zweiten Hälfte des 14. Jh., die Turmanlage wurde nach 1448 errichtet. Im **Inneren** der im 15. Jh. um zwei Joche verlängerten Kirche umfängt den Besucher zunächst irritierendes Dunkel. Acht wunderbare Kapitelle tragen die *Chorarkaden*. Zwei von ihnen zeigen figürliche Darstellungen: Die Menschwerdung Jesu wird dem Opfer Isaaks gegenübergestellt. In der **Krypta** begegnen wir der schwarzen Sara, der Patronin aller ›Zigeuner‹. Hier sind wir dem Geheimnis dieses Ortes ganz nahe – einem Geheimnis, das weitaus älter ist als die liebenswürdige Geschichte der drei Marien und ihrer schwarzen Dienerin.

Denn Sara, keine Frage, war längst da, bevor die Marien kamen. Ihre Verehrung fügte sich lediglich problemlos in den christlichen Kult ein. Von weither kommen die ›Zigeuner‹ zu Tausenden am 24. und 25. Mai zur **Pèlerinage des Gitanes**, eigentlich dem Fest der Maria Jakobäa, und verehren ihre (nicht kanonisierte) Sara, die ›Bohèmiens‹, die ›Roms‹, die Roma und Sinti, begleitet von Heerscharen von Touristen und Schaulustigen, die sich dieses Datum vorgemerkt haben: Sie feiern den Tag der heidnisch-christlichen Heiligen Sara mit klerikalem und folkloristischem Pomp, mit Glaube und Aberglaube, mit Erzbischof und Rummelplatz.

TOP TIPP

Praktische Hinweise

Information: Office de Tourisme, 5, avenue Van-Gogh, Tel. 04 90 97 82 55, Fax 04 90 97 71 15, Internet: www.saintes-maries.camargues.fr. – Centre d'Information de Ginès, Parc Naturel

Die Marienkirche von Les-Saintes-Maries-de-la-Mer ist Mittelpunkt des berühmten Zigeunerfestes Pèlerinage des Gitanes für die Heiligen Maria Jakobäa und Sara

Bei der Prozession der Gitanes tritt das religiöse Engagement der Teilnehmer deutlich zutage – von so manchem auf Video gebannt

Die drei Marien

Rund 20 km südöstlich von Aigues-Mortes gingen, ein knappes Jahrzehnt nach Jesu Tod, einige seiner Verwandten und engsten Freunde an Land. So zumindest weiß es die **Legende**. *Hier an der Stelle, die später nach ihnen benannt wurde, landete das Schiff der drei Marien: Maria aus Magdala (Magdalena), die die Legende mit Maria aus Bethanien identifiziert, Maria Jakobäa und Maria Salome. Dabei waren Magdalenas Geschwister Martha und Lazarus, der vom Tod Erweckte, sowie Sara, ihre schwarze Dienerin. Sie waren nicht freiwillig gekommen, sondern gerade mit knapper Not einer* **Christenverfolgung** *entronnen, die in ihrer Heimat wütete. Man hatte sie auf ein Schiff ohne Segel und Ruder gebracht und so dem Untergang überlassen. Nach ihrer Errettung trennten sich dann die Wege der Heiligen. Zwei der Marien blieben mit ihrer Dienerin Sara in Les-Saintes-Maries, Lazarus wurde Bischof von Marseille, Martha ging nach Tarascon und besiegte den Drachen, Maria Magdalena, die Büßerin, verbrachte den Rest ihres Lebens in der Grotte von St-Maximin-la-Ste-Baume.*

Die **Gebeine** *der beiden Marien wurden 1448 ›wieder entdeckt‹ und in einen kostbaren Schrein umgebettet. Alljährlich an den beiden Festtagen (24. Mai für Marie Jacobé und 22. Oktober für Marie Salomé) werden sie in der Wallfahrtskirche feierlich den Gläubigen gezeigt.*

Régional de Camargue, R.D. 570, Tel. 04 90 97 86 32, Fax 04 90 97 70 82. Informationszentrum des Naturparks.

Hotels

*****Des Rièges**, Route Cacharel, Tel. 04 90 97 85 07, Fax 04 90 97 72 26. Gepflegtes, ca. 1 km außerhalb gelegenes Haus mit Swimmingpool und Garten (5. Jan.–10. Febr. geschl.).

****Mirage**, 14, rue Camille-Pelletan, Tel. 04 90 97 80 43, Fax 04 90 97 72 22, Internet: www.lemirage.camargue.fr. Gutes, erschwingliches Hotel mit Garten und Restaurant (nur abends geöffnet, 1. Okt.–15. März geschl.).

Restaurants

Hippocampe, rue Camille-Palletan, Tel. 04 90 97 80 91. Gepflegtes Restaurant mit Garten (Okt.–Juni Di geschl.).

Hostellerie du Pont de Gau, av. Arles (5 km nordöstlich von Les-Saintes-Maries), Tel. 04 90 97 81 53. Das empfehlenswerte Restaurant, bietet z. B. Lamm in Karamel zu moderaten Preisen.

Alpilles, Crau und Marseille – von berühmten Städten und Künstlern

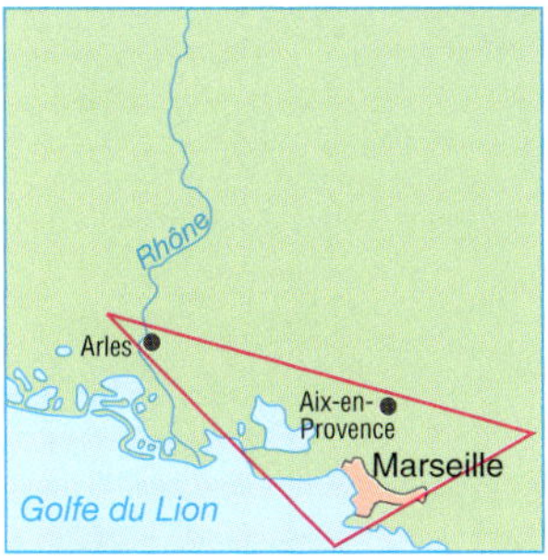

Das Dreieck Aigues-Mortes – Avignon – Aix-en-Provence wird aus Kleiner und Großer Rhône und ihrem Nebenfluss **Durance** gebildet, einzelne Gebirgsblöcke und -ketten ›reliefieren‹ dieses Bild: Montagnette und Alpilles im Norden, die Chaîne d'Estaque im Süden, die Montagne Ste-Victoire im Osten. Nördlich der bizarren **Alpilles** wird die **Petite Crau** von Zypressenhecken und mit Bambus eingezäunten Feldern geprägt, auf denen Paprika, Auberginen, Obst, Blumen gezogen werden. An den Hängen der Alpilles sieht man Ölbäume, Ginster, Pinien, schließlich nur noch schroffe, nackte Felsen. Jenseits der Berge dann die öde, viele Meter tief mit aus den Alpen herbeigeführtem Geröll vollgepackte Crau, das einstige Mündungsgebiet der Durance. Am Schnittpunkt so verschiedenartiger Landschaften liegt **Arles**. Von dort führt eine schnurgerade Straße durch die Crau nach **Salon-de-Provence**, dann aber Szenenwechsel: Berge ringsumher, darunter die von Paul Cézannes Bildern her so bekannte **Montagne Ste-Victoire**. Am Rande der Provence schließlich die Stadt, die jahrhundertelang ihr Verwaltungszentrum war: **Aix-en-Provence**, und im Süden, dem Meer zugewandt, breitet sich die Großstadt **Marseille** aus.

41 Arles

Plan Seite 102

Arena, Thermen, Kathedrale prägen die kleine Weltstadt mit großer Geschichte.

Im 7. Jh. v. Chr. war die Stadt ein keltisches Oppidum mit Namen *Theline*, das handelspolitisch vom griechischen Massalia (Marseille) abhängig war. 535 v. Chr. zerstörten es die keltischen Saluvier und gründeten statt dessen *Arelate*. Nach der Zerstörung des Saluvier-Zentrums Entremont durch Caius Sextius Calvinus im Jahre 123 v. Chr. und der Einnahme von Massalia bauten die Römer Arles zu einem bedeutenden Knotenpunkt des Handels und des Verkehrs aus.

Im Jahre 104 v. Chr. legte der römische Konsul und Feldherr *Marius* einen Kanal an, der Arles mit Fos verband und so einen direkten Zugang zum Mittelmeer ermöglichte. 46 v. Chr. siedelte *Caesar* die Veteranen seiner 6. Legion in Arles an. Die so gegründete und mit römischem Stadtrecht ausgestattete **Colonia Iulia Paterna Arelate Sextanorum** wurde 308 n. Chr. unter Konstantin kaiserliche Residenz und zwischen 395 und 400 anstelle von Trier, das durch die Germaneneinfälle gefährdet war, sogar Verwaltungszentrum ganz Galliens (mit Spanien und Britannien).

471 eroberten die Westgoten, 536 die Franken das Gebiet um Arles. Während in den merowingischen Reichsteilungen Aix, Avignon und Marseille *Austrien* zugesprochen wurden – hier bereitete sich die Weichenstellung vor, die die Provence später dem Heiligen Römischen Reich Deutscher Nation zuteilen sollte –, kam Arles an das ›Mittelreich‹ *Burgund*. 879 ließ sich Graf Boso zum **König der Provence** wählen und machte Arelate zu seiner *Hauptstadt*. Ab 1032 war das Königreich zwar dem Deutschen Kaiserreich unterstellt, tatsächlich aber blieben die Grafen und Herzöge der Provence selbstständig.

Als im 12. Jh. die Provence in drei Grafschaften aufgeteilt wurde, fiel Arles an die Grafen von Barcelona. Versuche der reichen und selbstbewussten Stadt, nach italienischem Vorbild eine republikanische Verfassung durchzusetzen, blieben Episoden. 1239 war bereits wieder der Graf von Barcelona Herr der Lage, 1251 eroberte dann **Karl von Anjou**,

◁ *Das reich skulptierte Portal von St-Trophime – hier Paulus und Andreas – ist ein Meisterwerk des 12. Jh.*

der Bruder Ludwigs IX., die Stadt, und die Provence blieb unter der Herrschaft seiner Familie, bis sie 1481 an Frankreich fiel.

Arles kunst- und kulturhistorische Bedeutung unterstreicht auch die Aufnahme seiner römischen und romanischen Baudenkmäler in die Weltkulturerbeliste der UNESCO im Jahr 1981.

Cathédrale und Cloître St-Trophime

Nach ihrem ersten Bischof Trophimus, der im 3. Jh. lebte, ist die TOP TIPP **Cathédrale St-Trophime** ❶ benannt. Der heutige Bau stammt aus der Zeit zwischen 1078 und 1152, Teile einer älteren, dem hl. Stephan (St-Etienne) geweihten Basilika, zu deren Bau man die Steine des nahe gelegenen römischen Theaters verwendete, wurden in den Neubau einbezogen. Der Vierungsturm und der Kreuzgang entstanden um 1170. Die großartige Portalanlage war wohl zum Besuch Kaiser Barbarossas gerade fertig geworden, der sich 1178 hier – wie später noch einmal Kaiser Karl IV. – zum König der Provence krönen ließ, um seinen Anspruch vor Ort zu bekräftigen.

Ungefähr gleichzeitig mit den Skulpturen des Kreuzgangs (s.u.), in den 80er-Jahren des 12. Jh., entstand die **Fassade** von St-Trophime. Das prachtvolle Figurenportal ist neben dem von St-Gilles [s. S. 91] das bedeutendste Beispiel für monumentale Portalskulptur in der Provence. Der *Aufbau* erinnert an römische Triumphbögen und variiert das Ädikula-Schema in der Verbindung von Bogen, Fries, Säulen und Giebel.

Das **Portal** zeigt im Tympanon Christus als *Weltenrichter*, darunter in faszinierender Reihung die Züge der Seligen und der Verdammten; in der Mitte, unter der Mandorla mit den vier Evangelistensymbolen, die thronenden Apostel. Das Programm umfasst weiterhin Szenen aus dem *Leben Christi* und Darstellungen von Heiligen – es war eher dazu angetan, den mittelalterlichen Menschen erschauern zu lassen als ihn zu erbauen.

Die herbe, elementare Kraft des hohen dunklen **Innenraumes**, einer dreischiffigen *Basilika* mit Spitztonne über dem Hauptschiff und Halbtonne über den Seitenschiffen, Querhaus, Vierungskuppel und Obergadenfenstern, ist imponierend. Ein Kranzgesims mit antikisierenden Akanthusmotiven akzentuiert den Übergang zur Gewölbezone. Von der *Ausstattung* sind verschiedene Gemälde von Ludovicus Finsonius († 1617) zu erwähnen, außerdem die Orgelempore von 1760, die Tapisserien aus Aubusson im nördlichen Seitenschiff (Marienleben, 17. Jh.), Grabmonumente des 17. Jh. und reliefierte Sarkophage des 4. Jh. Die aufwen-

Im Stadtbild von Arles setzt die Cathédrale St-Trophime einen deutlichen Akzent

An der Place de la République mit Hôtel de Ville (Mitte) und Cathédrale St-Trophime (rechts) geben sich Einwohner und Besucher ein Stelldichein

dige, geräumige *Choranlage* (fünfseitiger Abschluss mit Umgang und drei Kapellen) ist späteren Datums. Sie wurde 1454–65 an der Stelle der ursprünglichen gebaut, um Platz für die Gläubigen zu schaffen, die zum Grabe des 1450 verstorbenen Kardinals *Louis Aleman* pilgerten. Der *Hochaltar* stammt von 1848, an seiner Rückseite sind drei Marmortafeln des 12. Jh. angebracht.

Das *Querhaus* wurde nach Süden verlängert (dort Sakristei und Schatzkammer), um einen Zugang zum **Cloître St-Trophime** 2 (Nov.–Febr. tgl. 10–16.30, März/April/Okt. 9–17.30, Mai–Sept. 9–18.30 Uhr) zu schaffen. Dieser Kreuzgang, um den sich Kapitelsaal, Refektorium und Dormitorium der Domkanoniker gruppieren (heute Dommuseum und Räume für Wechselausstellungen) gilt als der schönste der Provence. Nord- und Ostflügel sind romanisch (1183 und 1188), Süd- und Westflügel gotisch (14. Jh.). Die Kapitelle des *Westflügels* zeigen (von Norden gesehen): Pfingsten, Marienkrönung, Maria Magdalena zu Füßen Jesu, Martha mit dem Drachen Tarasque, Simson und Dalila, Steinigung des Stephanus – dazwischen verschiedene Tierdarstellungen. Die Kapitelle des *Südflügels* zeigen Maria mit Kind und Szenen aus der Legende des hl. Trophimus. Man beachte die unterschiedlichen Wölbformen der beiden Kreuzgangteile. Im romanischen sind es Tonnengewölbe, im gotischen Kreuzrippen. Einzigartig in der Provence ist das **Skulpturenprogramm** der romanischen *Nord-* und *Ostflügel*, sowohl was den inhaltlichen Reichtum, als auch, was die künstlerische und handwerkliche Qualität der Details betrifft. Jeweils vier Bogenöffnungen sind zu einer Arkadengruppe zusammengefasst, reich skulptierte Pfeiler alternieren mit schlanken Doppelsäulen.

Die Betrachtung beginnt beim *nordwestlichen Eckpfeiler*. Zentrale Figur ist der hl. Trophimus zwischen den Aposteln Petrus und Johannes, die Szenen dazwischen beziehen sich auf die **Auferstehung**: das leere Grab, die Frauen bei den Salbenhändlern. Die *drei folgenden Kapitelle* setzen Szenen des Alten und Neuen Testamentes in Beziehung zueinander: Erweckung des Lazarus, Opfer Abrahams, Bileam und der Esel.

Am *folgenden Pfeiler* ist die **Emmaus-Geschichte** dargestellt, bei der der auferstandene Christus zwischen zwei Jüngern erscheint. Es folgen *zwei Kapitelle* mit Szenen, die die Emmaus-Thematik ergänzen und interpretieren: die drei Männer bei Abraham und die Predigt des Paulus auf dem Areopag.

Auf dem *nächsten Pfeiler* zeigt Jesu seine Wundmale. Er wird flankiert von den Aposteln Jakobus und Thomas. Die *folgenden Kapitelle* greifen dieses **Offenbarungsthema** anhand einer typologischen Gegenüberstellung mit dem Alten Testament auf: Moses empfängt die Gesetzestafeln, Gott offenbart sich im brennenden Dornbusch.

Der *Eckpfeiler* ist als Pendant des Auferstehungspfeilers am Beginn der Arkadenreihe zu sehen: Dem dort aufgestellten Apostel Petrus entspricht hier Paulus, dem Kirchenpatron Trophimus der Patron der Vorgängerkirche, Stephanus, dem Apostel Johannes Andreas – womit die sechs wichtigsten der zwölf Apostel ihren Platz gefunden hätten. Die Szenen zwischen den Ganzfiguren stellen die **Himmelfahrt Christi** sowie die Steinigung des Stephanus dar, der bei seinem Tod den Himmel offen und Christus über den Wolken thronend sah. Die *folgenden Kapitelle* widmen sich der **Kindheitsgeschichte Jesu**: Verkündigung, Heimsuchung, Geburt. Die Kindheitsgeschichte setzt mit dem Bethlehemitischen Kindermord – jenseits des *fünften Pfeilers* – zugleich auch das mit Stephanus angeschlagene Leidensthema fort. Dieser Pfeiler zeigt Jesu Geißelung zwischen Judas und einem Schergen, dann (nach dem Kindermord) Kapitelle mit Darstellungen der Flucht nach Ägypten, des Traums der drei Weisen und deren Auftritt vor Herodes.

Der *folgende Pfeiler* nimmt mit dem Lamm Gottes zwischen Ekklesia (Kirche) und Synagoge ebenfalls Bezug auf Leiden und Verherrlichung. Diese beiden bilden das zentrale Motiv des gesamten, wohldurchdachten ikonographischen Programms des Kreuzgangs. Dem Grundthema entsprechen auch die *folgenden Kapitelldarstellungen*: Anbetung der Könige, Einzug in Jerusalem, über den Arkaden die Törichten Jungfrauen, Aussendung der Apostel, am Eckpfeiler dann Abschied und Fußwaschung, Abendmahl und Judaskuss.

Vom Plan de la Cour zum Boulevard des Lices

Über den Plan de la Cour gelangen wir zum **Hôtel de Ville** 3. Das Rathaus wurde im 17. Jh. erbaut, der Uhrturm ist älter, er stammt aus dem 16. Jh.

Von der 1654–61 erbauten barocken Kollegkapelle der Jesuiten an der Rue Balze gelangt man in die **Cryptoportique** 4 (März/April/Okt. tgl. 9–11.30 und 14–17.30, Mai–Sept. 9–18.30,

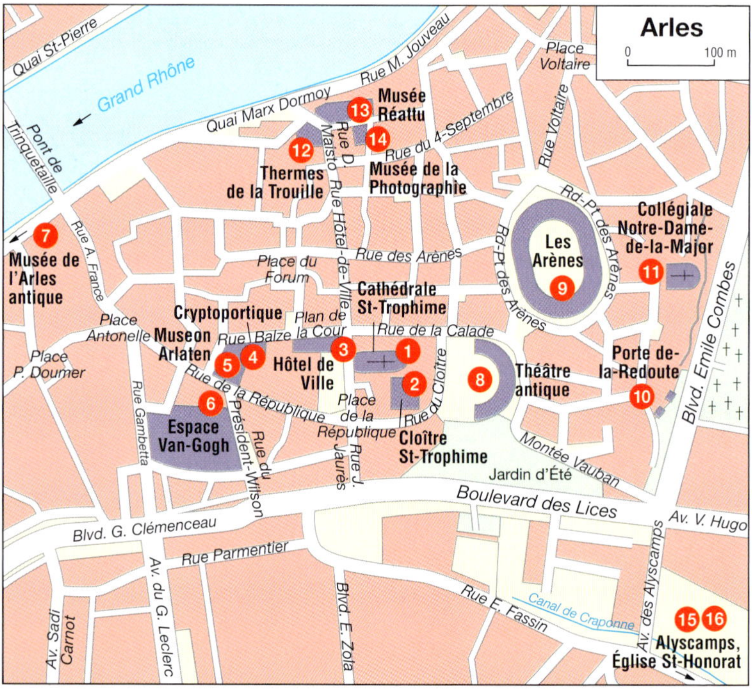

Weltberühmtes Sujet: im März 1888 malte Vincent van Gogh den Pont Langlois, ...

Febr. 10–11.30 und 14–16.30 Uhr), eine unterirdische Säulenhalle aus dem 1. Jh. v. Chr., die sich einst unter dem römischen Forum befand. Der 90 x 60 m große Bau besteht aus zwei durch Pfeiler getrennten Rundbogengängen und erhält Tageslicht durch Kellerfenster. Im 4. Jh. wurde eine zweite Galerie angefügt.

In der Rue de la République trifft man auf das von *Frédéric Mistral* 1896 gegründete **Museon Arlaten** 5 (Okt.–März tgl. 9.30–12.30 und 14–17, April–Mai/Sept. bis 18, Juni–Aug. 9.30–13 und 14–18.30 Uhr). Das anschauliche Panorama regionalen Kunsthandwerks (Möbel, Trachten etc.) gewinnt noch dadurch an Bedeutung, dass es in einem noblen Palais des 16. Jh., dem *Hôtel Laval-Castellane*, untergebracht ist. Im Innenhof wurden Reste einer Basilika der Trajanzeit (2. Jh. n. Chr.) entdeckt und in das Museumsensemble integriert.

Jenseits der Rue de la République, in der Rue du Président-Wilson, befindet sich das Kulturzentrum **Espace Van-Gogh** 6. Es ist in den Räumen des Hospitals untergebracht, in dem Vincent van Gogh 1888/89 mehrmals behandelt wurde, und zeigt Wechselausstellungen.

Van Gogh hat während der zwei Jahre, die er in der Provence zubrachte, eine Produktion hervorgebracht, die nicht nur quantitativ, sondern auch qualitativ von außerordentlicher Bedeutung ist. Doch das *Gelbe Haus* an der Place Lamartine, in dem er sich sein Atelier einrichtete, ist im Krieg zerstört worden, und auch die Rhônebrücke nach Trinquetaille, die er malte, ist nicht mehr erhalten. Die holländisch anmutende ›Langlois-Brücke‹ im Süden der Stadt wird heute **Pont van Gogh** genannt. Man erreicht die pittoreske Ziehbrücke über den Canal d'Arles auf der D 35.

... die hölzerne Zugbrücke südlich von Arles, die inzwischen restauriert wurde

Zufluchtsort des Farbenzauberers: das heutige Kulturzentrum Espace Van-Gogh

Ein Abstecher zum belebten **Boulevard des Lices** ist vor allem wegen des riesigen, sehr bunten und lebendigen **Marktes** zu empfehlen, der hier jeden Samstag Vormittag stattfindet. Durch den *Jardin Publique* gelangt man dann zu den römischen Ausgrabungen.

Das antike und mittelalterliche Arles

Doch zunächst ein Abstecher: Außerhalb des Stadtzentrums, südlich der Schnellstraße, die Marseille und Nîmes verbindet, liegt nahe der Rhône auf der Presqu'Île du Cirque Romain das 1995 eröffnete Antikenmuseum von Arles, das **Musée de l'Arles antique** 7 (März–Okt. tgl. 9–19, Nov.–Febr. 10–17 Uhr). Es besteht eine Shuttle-Busverbindung zur Innenstadt). Der auf dreieckigem Grundriss angelegte großzügige Bau des Architekten Henri Ciriani vereinigt die Bestände zweier Antikensammlungen. Das Museum bietet einen Überblick über die antike Kunst und Kultur in Südfrankreich. Angeschlossen ist ein archäologisches *Forschungsinstitut*. Von den Denkmälern und Kunstschätzen der Kollektion sind die hervorragend erhaltenen **Skulpturen** und **Keramiken**, ein Abguss der berühmten ›Venus von Arles‹, 1693 angefertigt von François Girardon (Original im Louvre, Paris), sowie frühchristliche **Sarkophage** aus dem 4./5. Jh. mit hochinteressanten Reliefs hervorzuheben.

TOP TIPP

Hinter dem Stadtpark von Arles liegt das um 15 n. Chr. erbaute **Théâtre antique** 8 (Nov.–Febr. tgl. 10–11.30, März/April/Okt. 9–11.30 und 14–17.30, Mai–Sept. 9–18.30 Uhr). Mit seinem Durchmesser von 100 m bot es Platz für rund 10 000 Zuschauer. Die Anlage ist noch gut zu erkennen, einige Säulen wurden wieder aufgerichtet, die Bühnenwand ist jedoch nicht mehr erhalten. Ausgrabungsfunde befinden sich im Musée de l'Arles antique.

Vorbei an der *Fondation Vincent van Gogh*, die Werke zeitgenössischer Künstler als Hommage an den großen Meister präsentiert, gelangt man zu **Les Arènes** 9. Das Amphitheater ist neben dem von Nîmes [s. S. 67] das besterhaltene der Provence. Es entstand um 15–65 n. Chr. und ist mit 136 x 107 m etwas größer als das in Nîmes, wenngleich hier die Attika im 12./13. Jh. abgetragen wurde. Dies gibt dem im 19. Jh. unter der Ägide des großen Bauhistorikers und Architekten

Winckelmanns Worte von »edler Einfalt und stiller Größe« lassen sich auch auf das eindrucksvolle römische Amphitheater von Arles münzen

Viollet-le-Duc freigelegten riesigen Oval ein ungewöhnliches Aussehen. Die drei schroffen Wehrtürme stammen von der mittelalterlichen Festung, die innerhalb der Arenamauern entstanden war. Heute ist die Arena Schauplatz der Stierkämpfe, der *Férias*, die ganz Arles in Volksfesttaumel versetzen.

Hinter Les Arènes, am Boulevard Emile Combes, hat sich mit der **Porte de-la-Redoute** ⑩ ein Stück mittelalterliche Stadtmauer erhalten. Durch dieses Tor führte einst die Via Aurelia, nördlich davon, an der Place de la Major, steht die **Collégiale Notre-Dame-de-la-Major** ⑪. Die romanische Kirche – ihr Mittelschiff zeigt noch diesen Stil – erhielt im 14. Jh. gotische Seitenschiffe, im 16. Jh. den Chor und 1592 das Westportal.

Vom Amphitheater gelangt man über die Rue des Arènes zum einstigen Forum, der *Place du Forum*, und weiter nördlich zur Rhône. Nahebei sieht man die Reste der **Thermes de la Trouille** ⑫ in der Rue D. Maist. Es handelt sich um die größte erhaltene Thermenanlage der Provence, sie gehörte zum Palast des Konstantin. Freigelegt ist nur ein kleiner Teil, besonders schön erhalten ist die Mittelapsis. Man beachte den schichtweisen Wechsel von Backstein und Natursteinlagen. Diese Mauertechnik ist charakteristisch für das 4. Jh.

Ganz in der Nähe liegt das **Musée Réattu** ⑬ (tgl. 10–12.30 und 14–19, März/April/Okt. bis 17.30, Nov.–Febr. 13–17.30 Uhr), die einstige Komturei der Malteser. Der wehrhafte mittelalterliche Bau mit seiner spätgotischen Hauskapelle wurde nach der Revolution von dem Maler *Jean-Jacques Réattu* (1760–1833) erworben, der sich hier eine Wohnung und ein Atelier einrichtete. Das Gebäude ist seit 1867 in städtischem Besitz und enthält eine beachtliche *Sammlung* von Gemälden des 16.–18. Jh. aus Frankreich, Italien und den Niederlanden, außerdem Malerei des 20. Jh. (Dufy, Gauguin, Léger u. a.) und Zeichnungen von Picasso. Plastiken von César und Zadkine runden die Kollektion ab.

Gegenüber wurde in der Commanderie Ste-Luce das **Musée de la Photographie** ⑭ (tgl. 10–12.30 und 14–19, Okt.–April bis 17 Uhr) eingerichtet. Es ist zugleich das Zentrum der alljährlich im Juli stattfindenden Fotoschau **Les Rencontres Internationales de la Photographie** (RIP, Tel. 04 90 96 76 06, Internet: www.rip-arles.org).

Abendstimmung im Café van Gogh an der Place du Forum von Arles

Les Alyscamps

Der Weg zu den stimmungsvollen **Alyscamps** ⑮ (Mai–Sept. tgl. 9–18.30, März/April/Okt. 9–11.30 und 14–17.30, Nov.–Febr. 10–11.30 und 14–16.30 Uhr), den ›Gefilden der Seligen‹, einem von den Römern angelegten und auch von der frühchristlichen Gemeinde genutzten *Friedhof*, führt entweder über den Boulevard des Lices oder über die Rue E. Fassin am Canal de Craponne. Alyscamps ist reich an z. T. nur noch als Ruinen erhaltenen Baudenkmälern. Vorbei an einem ausgedehnten Grabungsgelände gallo-römischer Wohn- und Geschäftshäuser kommt man zur Allée des sarcophages, der Gräberstraße. An deren Ende befinden sich die Ruinen der um 1168 erbauten **Église St-Honorat** ⑯, einer dreischiffigen Basilika mit Querhaus und Krypta. Auch im unvollendeten Mittelschiff der Kirche fanden zahlreiche Kapellen und Grabmäler wohlhabender Familien aus Arles Platz. Über ihnen leuchtete die *Laterne des Mortes* des Vierungsturmes, Totenlicht und Leuchtturm zugleich, in den einst von Kanälen durchzogenen Sümpfen.

Praktische Hinweise

Information: Office de Tourisme, 35, esplanade Charles-de-Gaulle, Tel. 04 90 18 41 20, Fax 04 90 18 41 29, Internet: www.tourisme.villes-arles.fr

Markt

Wochenmarkt (Sa Vormittag), **Flohmarkt** (1. Mi des Monats), jew. Boulevard des Lices/Boulevard Clémenceau

Hotels

TOP TIPP *****D'Arlatan**, 26, rue Sauvage, Tel. 04 90 93 56 66, Fax 04 90 49 68 45, Internet: www.hotel-arlatan.fr. Unweit der Place du Forum gelegenes Hotel in einem Palais des 15. Jh. mit stilvollem Ambiente, modernem Komfort, Innenhof und Garten.

****Le Mas de la Roseraie**, 43, route de la Coste Basse (D33B, 2 km Richtung Pont-de-Crau), Tel. 04 90 96 06 58, Fax 04 90 18 87 03; Internet: www.hotel-la-roseraie.com. Angenehmes, einfaches Haus mit wunderschönem Garten.

Restaurants

L'Olivier, 1bis, rue Réattu, Tel. 04 90 49 64 88. Einladendes und sehr empfehlenswertes Feinschmeckerlokal in einem alten Palais mit schönen Gewölben.

Lou Caleu, 27, rue Porte de Laure, Tel 04 90 49 71 77, Fax 04 90 93 75 30. Gutes, preisgünstiges Restaurant.

TOP TIPP 42 Abbaye de Montmajour

Reste einer romanischen Abtei in den Sümpfen.

Das Bild der nordöstlich von Arles (D 17) gelegenen ehem. Abtei Montmajour (Route de Fontvieille, April–Sept. 9–19, Okt.–März 9–12 und 14–17 Uhr) muss in früheren Jahrhunderten noch eindrucksvoller gewesen sein, als das auf Fels gegründete Kloster noch aus einem einsamen, unwegsamen Sumpfland herausragte und nur mit Kähnen erreichbar war. Es war der Burgunderkönig Konrad (937–993), der hier eine öffentliche *Begräbnisstätte* einrichten ließ. 949 erwarb die Adelige Teucinde den Fels vom Domkapitel von St-Trophime und gründete dort ein **Benediktinerkloster**. 1016 wurde der Grundstein zu einer ersten Kirche gelegt, 1030 erwarb das Kloster das Recht, einen Ablass zu erteilen, den *Pardon de Montmajour*. Seither wallfahrteten jährlich viele Tausende von Pilgern hinaus in die Sümpfe; ihre Spenden wurden dazu benutzt, diese trockenzulegen.

Die **Église Notre-Dame** des Klosters , um 1140/50 entstanden, ist nur noch als – freilich imponierender – Torso erhalten, eine skulpturenhaft prägnante, in der Klarheit ihrer Proportionen typisch provenzalische Gebäudegruppe mit polygonal gebrochenem Chor und diesen umlaufender, teilweise in den Fels gehauener Krypta *Ste-Croix*, verkürztem Langhaus und markantem Querschiff, das Ganze gut überschaubar vom mächtigen frei stehenden Wehrturm **Tour de l'Abbé** (1369). Über Querhaus und Kapitelsaal gelangt man in den eindrucksvollen **Kreuzgang**, dessen Kapitelle sich heute größtenteils im Musée de l'Arles antique [s. S. 104] befinden. Man beachte das schöne, heute vermauerte Portal zum Refektorium und die *Wandgräber* zweier Grafen der Provence, die von Gottfried († 1062) und Wilhelm IV. († 1018) im östlichen sowie das des Abtes Jean Hugolin de St-Rémy († 1430) im nördlichen Flügel.

1703 wurde mit dem Bau einer *neuen Klosteranlage* begonnen, Baumeister war Pierre Mignard. Ein Brand (1726) und ein politischer Skandal führten jedoch dazu, dass dieses Werk nicht vollendet wurde: Wegen der Verwicklung des (Titular-)Abtes von Montmajour, des Straßburger Kardinals Rohan, in die *Halsbandaffäre* wurde die Abtei 1786 von Ludwig XVI. geschlossen. Sie wechselte mehrmals den Besitzer, verfiel zusehends, und man begann bereits mit den Abbrucharbeiten, als sich 1872 das Blatt wendete, nicht zuletzt dank der Intervention des Malers Réattu, der die Tour de l'Abbé erwarb. Wenig später wurde mit der Wiederherstellung begonnen.

Das älteste Gebäude auf dem Gelände der Benediktinerabtei ist die **Chapelle St-Pierre**. Die zweischiffige, tonnengewölbte Kapelle (11. Jh.) mit quadratischem Chor, halbrunder Apsis und Beichtnische bzw. Eremitage ist z. T. in den Fels gehauen.

Außerhalb der Klosteranlage stößt man 200 m östlich (Richtung Fontvieille, D 17) auf den mönchisch-schlichten Zentralbau der **Chapelle Ste-Croix** auf Vierkonchen-Grundriss, in dem sich elementare stereometrische Formen wie Halbzylinder, Kubus und Pyramide auf eindrucksvolle Weise miteinander verbinden. Der turmartige Aufbau der kleinen Friedhofskapelle gipfelt in einer Totenlaterne, die einst weithin über die felsige Toteninsel geleuchtet haben muss. Rund um die Kapelle, die sich nicht zuletzt durch eine faszinierende Akustik auszeichnet, sind Gräber verschiedenster Größe in den Formen menschlicher Gestalt in den Fels eingetieft.

Zu den beeindruckenden Resten des romanischen Benediktinerklosters Abbaye de Montmajour gehören der Kreuzgang und die Tour de l'Abbé

43 Salon-de-Provence

Bollwerk und Handelszentrum inmitten der Crau.

Salon, heute ein Zentrum der *Olivenverarbeitung*, stand zunächst unter der Herrschaft der Erzbischöfe von Arles. Deren Bergbefestigung *Castrum salone* wird im 10. Jh. als Zufluchtsort vor den Normannen und Mauren erwähnt, 1032 wurde Salon reichsunmittelbar. Im 14. Jh. entwickelte sich die verkehrstechnisch günstig an der Via Aurelia gelegene Stadt zu einem wichtigen *Handelszentrum*, dessen Selbstverwaltung im 15. Jh. mehrmals auch durch die neuen Landesherren, die französischen Könige, bestätigt wurde.

Das im 17. Jh. errichtete **Hôtel de Ville** (Rathaus) am Cours Victor-Hugo ist ein Zeugnis des Bürgerstolzes dieser Stadt, die 1854 einem ihrer Söhne unmittelbar davor ein *Denkmal* errichtete. Es gilt dem Ingenieur *Adam de Craponne* (1526–1576), der den nach ihm benannten Kanal baute, der die Durance einerseits mit Arles und der Rhône, andererseits mit dem Etang de Berre verbindet. Craponne leistete damit einen wichtigen Beitrag zur wirtschaftlichen Erschließung von Salon und seiner Umgebung, der nördlichen Crau.

Noch ein anderer Name verbindet sich mit Salon, der des *Michel Nostradamus* (1503–1566). Das Grab des berühmten, aus St-Rémy stammenden Arztes und Gelehrten, Juristen, Alchimisten und Astrologen befindet sich in der Dominikaner-Kirche **Collégiale St-Laurent** (3. Kapelle links) am Square St-Laurent im Norden der Stadt. Zur **Maison de Nostradamus**, dem Wohnhaus des Gelehrten, gelangt man, wenn man der Rue des Frères Kennedy nach Süden folgt. Vorbei an der Fontaine moussue (18. Jh.) und der Porte de l'Horloge, einem Teil der Stadtbefestigung des 17. Jh., führt der Weg zur **Place Ancienne Halle**. Hier steht links das Haus, in dem Nostradamus 19 Jahre lang lebte. Ein kleines

Museum (April–Sept. tgl. 9–12 und 14–18, Okt.–März ab 10 Uhr) dokumentiert Leben und Werk des Gelehrten, der vor allem durch seine viel beachteten Prophezeiungen *Centuries* (1555) berühmt wurde. Jährlich Anfang Juli wird die Erinnerung an den Weissager zukünftiger Katastrophen mit dem TOP TIPP äußerst lebhaften **Nostradamus-Fest** in fantastisch-wilden Kostümen gefeiert.

In unmittelbarer Nähe des Museums befinden sich die um 1200 erbaute, einschiffige Église St-Michel und die Porte Bourg-Neuf, ein Rest der mittelalterlichen Stadtmauer (13. Jh.). Unübersehbar ist die mächtige Festung auf dem Rocher du Puech, das **Château de l'Empéri** (tgl. 10–12 und 14–18, im Sommer Mi–Mo 10–19 Uhr), dessen Name auf das römisch-deutsche ›Imperium‹ verweist, zu dem die Provence 1032–1480 gehörte. Das im 12. Jh. von den Herren von Les Baux begonnene Schloss beherbergt heute ein *Militärmuseum*.

Praktische Hinweise

Information: Office de Tourisme, 56, cours Gimon, Tel. 04 90 56 27 60, Fax 04 90 56 77 09

Hotels

TOP TIPP *******Abbaye de Ste-Croix**, Route du Val-de-Ceuch (D16), Tel. 04 90 56 24 55, Fax 04 90 56 31 12, E-Mail: saintecroix@relaischateaux.com. Hotel und Restaurant der Spitzenklasse mit schöner Aussicht, ruhigem Park und Schwimmbad. Die Küche ist exzellent (Nov.–15. März, sonst Mo und Do mittags geschl.).

Fabelfiguren alter Prophezeiungen: beim Nostradamus-Fest in Salon-de-Provence

***Campanile**, chemin Croix Blanche, Basees Viourges, Tel. 04 90 42 14 14, Fax 04 90 53 51 26. 3 km außerhalb von Salon. Gute Unterkunft mit empfehlenswertem, preisgünstigem Restaurant.

***Sélect**, 3, rue Suffren, Tel. 04 90 56 07 17, Fax 04 90 56 42 48. Gute ruhige Unterkunft.

44 Aix-en-Provence *Plan S. 110*

Stadt der Römer und der Boulevards, der heißen Quellen und der noblen Palais.

Die Anfänge des späteren Residenz- und Verwaltungszentrums der Provence, eines nach Jahrhunderten der Stagnation heute wieder außerordentlich lebendigen und kulturell aktiven Ortes, liegen nördlich der heutigen Stadt.

Ursprung bei den Quellen

Hier auf dem Hügel von **Entremont**, hatten einst die mächtigen kelto-ligurischen Saluvier ihr Oppidum. Als dieses im Jahre 123 v. Chr. zerstört wurde, gründeten die Römer unweit davon, an einem Ort, der nicht nur verkehrsgünstig gelegen, sondern mit heißen Quellen gesegnet war, ihre erste städtische Niederlassung in Gallien. Sie nannten sie *Aquae* (= Wasser); hieraus entwickelte sich der Name *Aix Sextiae Saluviorum* (nach dem Sieger von Entremont, Caius Sextius Calvinus). Von hier aus unternahm Caius Marius seine Feldzüge gegen die Cimbern und Teutonen (105–102 v. Chr.).

Unter Augustus avancierte Aix zur *römischen Kolonie* (Colonia Iulia Augusta Aquis Sextiis), unter Diokletian, der die Verwaltung des Reiches neu ordnete und die Provinz Narbonensis teilte, schließlich zur *Hauptstadt* der Provincia Narbonensis Secunda (3. Jh. n. Chr.). Um 400 wurde Aix *Erzbistum*. Die Sarazenen machten der Stadt schwer zu schaffen. Erst nach deren Vertreibung 972 und dadurch, dass die Grafen der Provence 1150 die Stadt zu ihrer wichtigsten *Residenz* erwählten, ging es mit Aix wieder bergauf, doch fehlte es nicht an Rückschlägen: Der Hundertjährige Krieg, die nach den Albigenserkreuzzügen durch das Land ziehenden mordenden und plündernden Söldnerhorden der ›Grandes Compagnies‹, die Pest und der Streit mit Ludwig von Anjou, den die Stadt nicht anerkennen wollte, setzten ihr mächtig zu.

Durch einen Wald von Platanen wandelt man auf dem eleganten und früher ausgesprochen exklusiven Cours Mirabeau von Aix-en-Provence

Politische Wandlungen

Erst als die Regentin Marie de Blois 1387 Aix zahlreiche Privilegien gewährte, konnte sich die Stadt entschließen, das Anjou-Regime anzuerkennen. Maries Sohn Louis II. bestätigte Aix als *Hauptstadt der Provence* und gründete 1409 die **Universität**. 1434 kam **René d'Anjou** an die Regierung, der als der Gute König René in die Geschichte eingegangen ist. René führte seinen Königstitel nicht als Graf der Provence, sondern als König von Neapel, Sizilien und Jerusalem, zog sich aber in realistischer Einschätzung der Lage aus seinen Besitztümern in Italien völlig zurück, konzentrierte sich ganz und gar auf seine geliebte Provence und förderte nach Kräften Kunst und Wissenschaft des Landes. Seine Regierungszeit war für die gesamte Provence eine Ära des Friedens und des Wohlstands. Ein Jahr nach dem Tod Renés, 1481, vermachte sein politisch unbedeutender Neffe und Nachfolger, Karl III. von Maine, die Provence dem König von Frankreich. Aix wurde Sitz der *königlichen Provinzialregierung*.

Schwanenreitende Putten bevölkern die Fontaine de la Rotonde

In der *Französischen Revolution* wurde das Parlament von Aix aufgelöst, und die Stadt verlor bei der Neugliederung des Staatsgebietes sämtliche Privilegien. Sie degenerierte wirtschaftlich und politisch zu einer unbedeutenden Provinzstadt und hat sich erst in den letzten Jahren von diesem Abstieg erholt.

Cours Mirabeau

Die 500 m lange, platanengesäumte Prachtstraße von Aix, der Cours Mirabeau, wurde 1649 angelegt und später nach dem Grafen Mirabeau (1749–1791) benannt. Sie war für Wagen und Karren gesperrt, nur Kutschen durften die edle Promenade befahren. Auch Geschäfte aller Art waren verboten. Heute bietet die Straße mit ihren Banken, Läden, Buchhandlungen und Cafés einen guten Einstieg in das charakteristische **Flair** dieser lebendigen, intellektuellen Stadt und vermittelt zugleich eine Ahnung von dem Luxus, der hier im 17./18. Jh. geherrscht hat. Die **Palais** und **Hôtels** jener Zeit sehen aus wie kostbare Exportstücke aus Paris.

Der Cours Mirabeau führt von der Place du Général-de-Gaulle mit der prächtigen **Fontaine de la Rotonde** 1 von 1860, deren Brunnenfiguren Justiz, Landwirtschaft und Künste symbolisieren, vorbei an den *Hôtels d'Isoard de Vauvenargues* (1710), *de Forbin* (1656) und *de Maurel de Pontevès* (1647–50), zu den axial angeordneten **Fontaine des neuf canons** 2 von 1691 und **Fontaine d'eau thermale** 3 zur Place Forbin mit der **Fontaine du Roi René** 4 von 1819. Das Element, das bei der Stadtgründung eine so wichtige Rolle gespielt hatte, gibt also bis heute den Ton an. Schon die Römer nutzten das 34 °C heiße Wasser, das aus der 1734 gestalteten Fontaine d'eau thermale fließt. Auf der Fontaine du Roi René ist der Gute König mit einer Muskateller-Traube dargestellt, deren Anbau er in der Provence eingeführt haben soll.

Bei der Fontaine d'eau thermale zweigt gegenüber der Rue du 4-Septembre nach Norden die Rue Clémenceau ab, in Richtung Altstadt. Sie führt zur Place St-Honoré mit dem **Hôtel Boyer d'Éguilles** 5 von 1765, das ein prächtiger Treppenaufgang ziert und heute das **Musée d'Histoire naturelle** (tgl. 10–12 und 14–18 und 13–17 Uhr) mit seinen Dinosauriereiern, Fossilien und Mineralien beherbergt. Von hier aus gelangt man links zur Place d'Albertas mit dem 1707 erbauten eindrucksvollen **Hôtel d'Albertas** 6. Etwas weiter westlich, in der Rue Espariat, befindet sich die **Église St-Esprit** 7. Die ehem. Augustinerkirche wurde 1706–17 erbaut und besitzt einen bemerkenswerten Pfingstaltar von Jean Daret (1653).

Vieil Aix

An der Place de l'Hôtel-de-Ville markiert die **Tour de l'Horloge** 8 von 1505 als einstiger Stadtturm die Grenze zum Vieil Aix. Umgang und Glockenkäfig wurden um 1515 hinzugefügt, die Astro-

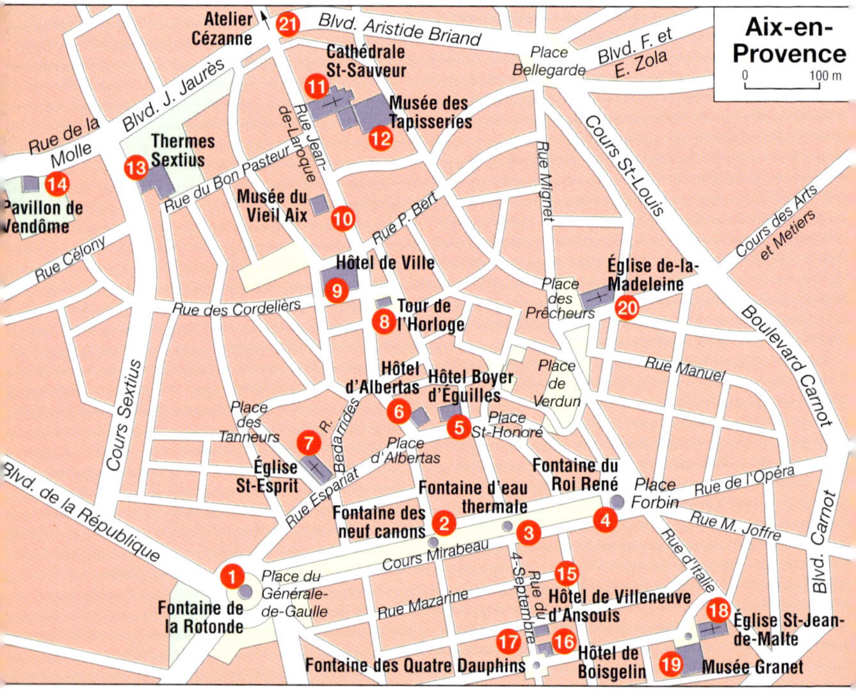

nomische Uhr mit Personifikationen der vier Jahreszeiten erhielt der Turm 1661.

Unmittelbar daneben erhebt sich das eindrucksvolle Rathaus **Hôtel de Ville** 9. Es wurde 1655–70 am Ort eines 1536 zerstörten Vorgängerbaus errichtet und hat einen schönen Innenhof.

Der Weg durch die Rue Gaston-de-Saporta führt zum ehem. Hôtel d'Estienne de St-Jean aus dem 17. Jh., in dessen Räumen heute das **Musée du Vieil Aix** 10 (April–Sept. Di–So 10–12 und 14.30–18, Okt.–März 10–12 und 14–17 Uhr) Stadtansichten, Fayencen und Santons (Krippenfiguren) präsentiert. Den Höhepunkt aber bilden die Marionetten, die bei den sog. Sprechenden Krippen und den Fronleichnamsprozessionen mitgeführt wurden.

Cathédrale St-Sauveur

In der Rue Jean-de-Laroque erhebt sich die imposante **Cathédrale St-Sauveur** 11. Ihre Westfassade lässt zunächst einen spätgotischen Bau vermuten (Türflügel von Guiramand, 1508). Das *Kircheninnere* jedoch zeigt, dass es viele Jahrhunderte waren, die diesen Bau zustande gebracht haben: Das geräumige Baptisterium (rechts vom Eingang, Kuppel 16. Jh.) stammt noch aus dem 5. Jh., das romanische Langhaus wurde 1103 geweiht, Apsis und Kapellen wurden nach 1285 angefügt. Im **Chor** sind die 1511 in Auftrag

Geschmückte Häupter tragen die Doppelsäulen im kleinen Kreuzgang des Cloître St-Sauveur von Aix-en-Provence

Blickfang in Vieil Aix: die elegante Tour de l'Horloge am Rathaus

›Der brennende Dornbusch‹ des Nicolas Froment

Das in monumentaler Form selten dargestellte Thema des brennenden Dornbusches wird von Nicolas Froment in seinem Triptychon auf ungewöhnliche Weise interpretiert – die Komposition ist ohne die genauen Vorgaben theologisch versierter Berater nicht denkbar.

Ein Engel verweist den schafehütenden **Moses** *auf das Geschehen, das zu einer christlichen* **Vision** *umgedeutet wird. Inmitten des Dornbusches thront statt Gottvater hier* **Maria** *mit dem* **Christuskind***: In der Menschwerdung Jesu, so die Bildaussage, wird Gott offenbar.*

Während die **Seitenflügel** *eher dem Diesseits zuzuordnen sind – hier erscheinen der Auftraggeber König René und seine Gattin Jeanne de Laval mit ihren Schutzheiligen – wird die* **Mitteltafel** *gleichsam als Andachtsbild zitiert. Die Erscheinung Mariens ist eine Vision in der Vision. Auf komplizierte Weise werden so ganz verschiedene Realitätsebenen miteinander in Verbindung gebracht – nicht zuletzt durch die meisterhafte Komposition und das Bezugnehmen der Formen und Farben aufeinander über die drei Bildtafeln hinweg.*

gegebenen flämischen Teppiche und das Relief der Auferweckung des Lazarus auf dem Hochaltar (von Veyrier, 17. Jh.) beachtenswert. An die Apsis wurde eine filigrane, kreuzrippengewölbte Seitenkapelle angebaut, die **Chapelle St-Mitre**. Sie enthält die Gebeine des Stadtpatrons, die 1388 in die Kirche überführt wurden und heute in einem Sarkophag des 5. Jh. beigesetzt sind. Die Kapelle bewahrt noch andere Kostbarkeiten, so die Fenster von Guillaume Dombet (1444), das Epitaph Karls III. von Maine, des letzten Grafen der Provence († 1481), sowie ein Altarbild (1470) mit der Legende des St-Mitre, das dem aus Uzès stammenden, in Avignon gestorbenen *Nicolas Froment* (um 1435–1484) zugeschrieben wird. Von eben diesem außerordentlich interessanten und eigenwilligen Künstler stammt auch das berühmte, 1476 gemalte Triptychon **›Der brennende Dornbusch‹**, das heute an der südlichen Langhauswand der Kirche hängt.

An der Südostseite liegt der **Cloître St-Sauveur** (tgl. 7.30–12 und 14–18 Uhr, zzt. wegen Restaurierung geschl.). Der Kreuzgang mit seinen jeweils acht Arkaden, Doppelsäulen und reich geschmückten, aus gedrehten Säulen gebildeten Eckpfeilern entstand um 1170.

Das ehem. Erzbischöfliche Palais gleich neben der Kathedrale wurde 1648 von Kardinal Jérôme de Grimaldi begonnen. In ihm ist das **Musée des Tapisseries** ⓬ (Mi–Mo 10–12 und 14–18, im Sommer Mi–Mo 10–17 Uhr) untergebracht, dessen Sammlung kostbarer Wandteppiche aus dem 17./18. Jh. sich einst im Besitz der Erzbischöfe befand.

In der Nähe, an der Rue du Bon Pasteur, befinden sich die **Thermes Sextius** ⓭, das Thermalbad und Kurhaus, dessen Name an die einst in der Nähe liegenden Thermen der Römerzeit erinnern. Der Turm im Kurgarten ist ein Rest der Stadtbefestigung aus dem 14. Jh. Durch den schönen *Garten* erreicht man den **Pavillon de Vendôme** ⓮ (2, rue Célony, März – Sept. Mi – Mo 10–12 und 14–18, Okt. – Jan. 10–12 und 13–17, Febr. bis 17.30 Uhr). Das prachtvolle Landhaus ließ sich der Herzog von Vendôme, Louis de Mercoeur, 1664–67 von La Rivière erbauen. Das dritte Geschoss kam erst im 18. Jh. dazu, die *Gartenfassade* ist ein ebenso reich wie klar durch Pilaster, Nischen (die Revolution hat die Königsfiguren zerstört), Atlanten und Ornamentfriese gegliedertes und geschmücktes Kleinod.

Bedeutende Gemälde europäischer Künstler des 16. bis 19. Jh. werden in der reichen Sammlung des Musée Granet präsentiert

Südlich des Cours Mirabeau

Weitere bemerkenswerte **Palais** und **Hôtels** finden sich südlich des Cours Mirabeau, z. B. das **Hôtel de Villeneuve d'Ansouis** 15 aus dem 18. Jh. an der Rue du 4-Septembre. In derselben Straße (Nr. 2a) befindet sich das **Musée Paul Arbaud** (Mo–Sa 14–17 Uhr) mit einer außergewöhnlichen Sammlung provenzalischer Fayencen sowie von Gemälden etc. Nahebei – Nr. 11 – erhebt sich das **Hôtel de Boisgelin** 16 aus dem 17. Jh. und wenige Schritte südwestlich, in der Rue Cardinale, die elegante **Fontaine des Quatre Dauphins** 17 von 1667, beides vom Bildhauer und Architekten Jean-Claude Rambot entworfen.

Die Rue Cardinale führt nach Osten direkt zu Kirche und Komturei der Johanniter. Die **Église St-Jean-de-Malte** 18

Frühstück im Spiegelkabinett: echt französischen Charme verbreitet das elegante Café Les Deux Garçons in Aix-en-Provence

Cézanne und Vasarely

Auf den ersten Blick hatten diese beiden Künstler wohl wenig miteinander gemein. **Paul Cézanne** *war der eigenbrötlerische und selbstzweiflerische Autodidakt aus Aix, der sich in der Metropole Paris immer unwohl fühlte und auf eigene Faust versuchte, die Geschichte der europäischen Malerei nachzuspielen, um sie anschließend grundlegend zu verändern.* **Victor Vasarély** *aus Ungarn präsentierte sich als der weltgewandte Bauhausnachfolger, dessen Wahlheimat Paris wurde, der sich aber auch oft und gern in der Provence aufhielt.*

Sie trennten mindestens zwei Generationen: Cézanne (1839–1906), einer der **Gründerväter der Moderne**, *der im scharfen, schattenwerfenden Licht der Provence und unter dem Eindruck ihrer kristallinen Bergwelt und Architektur erkannte, dass alles, was wir sehen und anfassen können, auf Grundformen wie Kegel, Kugel und Zylinder zurückzuführen ist. Und Vasarely (1908–1997) aus Pécs, dessen Werk ohne Cézanne und dessen Nachfolger, ohne Kubismus und Konstruktivismus, nicht denkbar gewesen wäre. Vasarely erforschte vielfältige dekorative und industrielle Anwendungen geometrischen Formenspiels und machte diese populär. Er befasste sich mit Kinetik und erfand die augenirritierende* **Op Art**. *Auch er hat dem Licht der Provence entscheidende Anregungen entnommen und sie in schier endlosen Variationsreihen für die internationale Kunst des 20. Jh. fruchtbar gemacht. Seinem Werk ist die* **Fondation Vasarély** *in Aix gewidmet.*

Von Paul Cézanne besaß seine Heimatstadt lange zeit kein einziges Bild. Dies hat sich mittlerweile geändert: Das **Musée Granet** *(bis 2006 geschl.) besitzt nun acht bedeutende Gemälde des Künstlers als Dauerleihgabe der staatlichen Museumsverwaltung Paris – das früheste stammt von 1859, das späteste von 1885 –, anhand derer die Entwicklung des Künstlers exemplarisch studiert werden kann.*

Oben: *Der Maler und sein Berg – das zarte Aquarell der Montagne Ste-Victoire bezeugt Paul Cézannes Vorliebe für dieses Landschaftsmotiv*

Links: *Kinetische Kunst als Traumreise durch den Kosmos: monumentale Werkschau des Op-Art-Meisters in der Fondation Vasarély in Aix-en-Provence*

erhielt ihre jetzige Gestalt im 17. Jh. (Fassade 1856 restauriert), im Inneren wurden im 19. Jh. die in der Revolution zerstörten Grabstätten der Grafen der Provence (Alfons II. und Raymond Béranger IV.) wieder hergestellt.

In der ehem. Komturei befindet sich das wohl wichtigste Museum der Stadt, das **Musée Granet** ⑲ (Mi–Mo 10–12 und 14–18 Uhr, wg. Renovierung bis 2006 geschl.). Es trägt den Namen des in Aix geborenen Malers *François Marius Granet* (1775–1849), dessen Sammlungen den Grundstock der reichen Museumsbestände bilden. Gut bestückt sind die Abteilungen der italienischen, spanischen, niederländischen und französischen Malerei. Die Höhepunkte stellen aber Gemälde von *Paul Cézanne*, dem berühmtesten Sohn der Stadt, dar sowie das Werk ›Die Erscheinung Mariens vor den hll. Petrus und Augustinus‹ des *Meisters von Flémalle* (Robert Campin), der um 1380–1444 lebte. Diesem bemerkenswerten Künstler der Spätgotik wird noch eine zweite Arbeit in Aix zugeschrieben: Im nördlichen Seitenschiff der **Église de-la-Madeleine** ⑳ (Mo–Sa 8–11.45 und 15–18.45, So/Fei 8–12 Uhr) an der Place des Prêcheurs hängt die Mitteltafel eines *Verkündigungsaltars*, dessen Flügelbilder sich heute in Brüssel, Rotterdam und Paris befinden. Die ehem. Kirche der Dominikaner wurde zwischen 1691 und 1703 unter Verwendung eines gotischen Vorgängerbaus errichtet.

Die Meister der Moderne

Dem Besucher, der etwas mehr Zeit mitbringt, sind einige Abstecher dringend zu empfehlen: zunächst nach Norden, zum **Atelier Cézanne** ㉑ (April–15. Juni tgl. 10–12 und 14.30–18.30, 16. Juni –Sept. 10–18.30, Okt.–März 14–17 Uhr). Vom Ringboulevard in der Nähe der Kathedrale führt die Avenue Pasteur nach Norden und geht dann über in die heutige *Avenue Paul Cézanne*. Dort, im ehem. *Chemin des Lauves*, hatte der 1839 in Aix geborene Maler († 1906), der am Cours Mirabeau aufwuchs (Nr. 55) und lange Zeit in Paris lebte, 1901 ein Grundstück mit Haus erworben, in dem er sich 1902 ein kleines Atelier einrichtete. Dieses Atelier enthält zwar keine großen Kunstwerke, vermittelt aber einen guten Eindruck von Leben und Arbeit des Künstlers, der wie kein zweiter die Malerei des 20. Jh. beeinflusste.

Folgt man dem Boulevard weiter nach Norden, so gelangt man nach etwa 3 km zum **Oppidum d'Entremont** (Mi–Mo 9–12 und 14–18 Uhr). Über einen Fußweg erreicht man das Ausgrabungsgelände, das bis zur Zerstörung durch die Römer wirtschaftlich, kulturell und politisch ungemein einflussreiche Zentrum der Saluvier.

Ein *Ausflug nach Westen* (4 km Richtung Jas de Bouffan) führt zu dem mächtigen, 87 m langen, 1975 errichteten Gebäude der **Fondation Vasarély** (Di–So 10–13 und 14–18

TOP TIPP

Maler auf den Spuren der Kunstgeschichte – weltberühmt wurde die Montagne Ste-Victoire durch Paul Cézanne, der sie in unzähligen Bildern verewigte

Uhr). Das Museum und Kunstzentrum konzentriert sich auf die großformatigen späten Werke des Op-Art-Künstlers Victor Vasarély (1908–1997) und betont seine Bedeutung als Designer. Teppiche, Gemälde und Multiples verschiedenster Art gehören zu dieser imponierenden Präsentation. Das vom Künstler selbst entworfene *Museumsgebäude* zeigt die universelle Anwendbarkeit der Vasarelyschen Gestaltungsprinzipien auf jedwede Gegenstände und Behältnisse.

Ein Ausflug nach Osten lässt sich verbinden mit der Weiterfahrt nach St-Maximin-la-Ste-Baume [Nr. 46], gilt aber zunächst dem ›Hausberg‹ von Aix, der von Cézanne so oft gemalten **Montagne Ste-Victoire**. Lohnend ist insbesondere der Blick vom rund 1000 m hohen Aussichtspunkt *Croix de Provence*, den man vom Ringboulevard aus über die D 10 erreicht. Auf der Strecke nach Vauvenargues zweigt rechts, bei dem Gehöft Les Cabassols, ein *Wanderweg* ab, der zum Kamm des Gebirges hinaufführt.

In **Vauvenargues** selbst liegt im Park des Schlosses (16./17. Jh.) *Pablo Picasso* (1881–1973) begraben, der das Anwesen in den 1950er-Jahren erwarb. Es wird noch von der Familie Picasso bewohnt und kann nicht besichtigt werden.

Praktische Hinweise

Information: Office de Tourisme, 2, pl. Général-de-Gaulle, Tel. 04 42 16 11 61, Fax 04 42 16 11 62, Interent: www.aixenprovencetourism.com. Hier erhält man u. a. eine Rundgang-Beschreibung ›Auf den Spuren von Cézanne‹.

Hotels

*****Le Manoir**, 8, rue Entrecasteaux, Tel. 04 42 26 27 20, Fax 04 42 27 17 97, Interent: www.hotelmanoir.com. Preisgünstig, einfach, zentral und ruhig gelegen (5.–25. Jan. geschl.).

*****Les Augustins**, 3, rue de la Masse, Tel. 04 42 27 28 59, Fax 04 42 26 74 87. Sehr stilvoll und komfortabel in einem ehem. Kloster des 15. Jh., ruhige Lage.

Restaurants

Café Les Deux Garçons, 53, cours Mirabeau, Tel. 04 42 26 00 51. Kaffeehaus mit Einrichtung aus dem 19. Jh.

Chez Maxime, 12, place Ramus, Tel. 04 42 26 28 51. Gutes Lokal mit Garten (Jan., So/Mo mittags geschl.).

Clos de la Violette, 10, av. Violette, Tel. 04 42 23 30 71. Restaurant der Spitzenklasse mit bemerkenswertem Ambiente. Reservierung dringend zu empfehlen (Febr. sowie Mo mittags u. So geschl.).

La Brocherie, 5, rue Fernand Dol, Tel. 04 42 38 33 21. Rustikales Lokal, dessen Spezialität Fischgerichte in vielerlei Variationen sind.

45 Marseille

Plan hintere Umschlagklappe

Um den alten Mittelmeerhafen dehnt sich die zweitgrößte Stadt Frankreichs aus.

Die Autobahn, die von Aix nach Marseille führt, nimmt schon von weitem das Wahrzeichen der Stadt, die Basilique Notre-Dame-de-la-Garde, ins Visier. Wer sich einen Überblick über Marseille (800 000 Einw.) verschaffen will, sollte zuerst dort hinauffahren, zum *Plateau de-la-Croix*, von dessen Esplanade sich das Panorama der Stadt in seiner ganzen Spannweite zwischen Bergen und Meer darbietet. Man erkennt von hier oben die exponierte geographische Situation, die weißen Kalkberge, die Weite der Bucht des Rade de Marseille, den natürlichen Hafen Lacydon, der Keimzelle und Zentrum der Stadt ist, sowie die Inseln Frioul und Château d'If, die in grauer Vorzeit die Gipfel kleiner Vorgebirge waren.

Von Griechen und Römern

Massalia, so der ursprüngliche Name von Marseille, wurde 600 v. Chr. von griechischen Siedlern aus Phokis in Kleinasien gegründet. Zwischen dem neuen Handelsstützpunkt und den keltischen Oppida, insbesondere Entremont, bestanden lebhafte, zunächst friedliche Kontakte. Als es dann zu kriegerischen Auseinandersetzungen kam, riefen die Massalioten die **Römer** zu Hilfe. Dies geschah dreimal, 181, 154 und 125 v. Chr., und die Römer kamen bereitwillig, denn es lag ihnen daran, den Weg nach Spanien zu sichern, das ihnen seit 197 als Doppelprovinz (Hispania citerior und ulterior) unterstellt war. Sie gründeten nach ihrem Sieg über die keltischen Saluvier das heutige Aix und siedelten später in ganz Gallien. Dabei blieb Massalias **Autonomie** unangetastet – die Römer sorgten für Ordnung im Hinterland, die Griechen trieben ungestört Handel an der Küste. Dieses Einvernehmen änderte sich erst,

Der Vieux Port von Marseille als abendliche Idylle – wo einst die Griechen landeten, vertäuen heute Jachtbesitzer ihre Boote

als Massalia beschloss, im **Römischen Bürgerkrieg** zwischen Pompeius und Caesar (49–46 v. Chr.) nicht für letzteren Partei zu ergreifen. Caesars Truppen eroberten Massalia, die Stadt verlor in der Folgezeit ihre Privilegien. *Massilia*, wie man es jetzt nannte, wurde zu einem beliebten Ort der Verbannung für missliebige Beamte. Einer von ihnen war jener C. Petronius Arbiter, der hier die Muße fand, sein ›Satyricon‹ zu schreiben.

Schicksalsschläge

In christlicher Zeit kam Massilia unter west- und ostgotische sowie fränkische Herrschaft. Nach dem Ende des Frankenreiches wurde Marseille eine *Vicomté* (Sitz eines Vizegrafen) im 879 gegründeten Königreich Burgund. Das 10. und 11. Jh. waren geprägt von Streitigkeiten zwischen Bischöfen und Grafen, das 12. Jh. und 13. Jh. vom Konflikt zwischen den Ansprüchen der letzteren und denen eines aufstrebenden Bürgertums. 1257 eroberte **Karl I. von Anjou** die Stadt, 1481 fiel Marseille mit der gesamten Provence an Frankreich. Die Stadt erlebte einen wirtschaftlichen Aufschwung, doch raffte die Pest 1720 über die Hälfte der Einwohner dahin.

Im 19. Jh. wurde Marseille zum **größten Hafen** des Mittelmeers, nachdem die Eroberung Algiers (1830) und der Bau des Suezkanals (1869) den Afrika- und Orienthandel gefördert hatten. Während des Zweiten Weltkriegs versuchten viele Flüchtlinge, über Marseille zu entkommen. Die Altstadt war zu einem Refugium der Verfolgten geworden, die auf eine Möglichkeit zur Ausreise warteten. Am 1. Februar 1943 begannen die deutschen Besatzer mit systematischen Sprengungen dieser Verstecke in der Altstadt. Nur wenige historische Bauten entgingen der barbarischen Zerstörung. Der Wiederaufbau vollzog sich in Eile und mit wenig Geld. Der damit beauftragte Architekt, *Auguste Perret*, an sich ein prominenter Pionier des neuen Bauens in Frankreich, hat sich hier leider kein Ruhmesblatt erworben.

In der Nachkriegszeit wurde der Marseiller Hafen erst um die westlich gelegene Grande Joliette, später um den Industriehafen Fos erweitert.

Stadtpanorama und Hafen

Wahrzeichen der Stadt ist die Wallfahrtskirche **Notre-Dame-de-la-Garde** ❶ (tgl. 7–19.30, im Winter bis 18.30 Uhr) auf dem Plateau de-la-Croix. Die von Henri Espérandieu am Ort einer alten Wallfahrtskirche um die Mitte des 19. Jh. im ungemein aufwändigen byzantinisch-romanischen Stil erbaute Kirche ist eines jener bizarren Marienheiligtümer, die in Frankreich häufig die Stadtsilhouette um eine exotische Note bereichern.

Kühle Pracht: fangfrische Ware auf dem Fischmarkt von Marseille

Danach lohnt es, von der Place du Général-de-Gaulle am Quai des Belges zum **Château d'If** ❷ (April–Sept. 9–19.30, Okt.–März 9–12 und 14–17 Uhr) hinauszufahren – Schiffe verkehren stündlich – um sich die Festung anzuschauen, die François I. 1524–28 zur Verteidigung der Stadt erbaute. Lange diente sie als *Staatsgefängnis* und wurde weltberühmt durch Alexandre Dumas' Roman ›Der Graf von Monte Christo‹.

Auf dem Rückweg fahren wir ein in das Hafenbecken des **Vieux Port** ❸. Hier gingen um 600 v. Chr. die Griechen an Land. Ihr Anführer war jener *Protis*, den die Sage so charmant zum Stadtgründer macht: Gyptis, die Tochter des Ligurerkönigs Nann, soll dem jugendlichen Ankömmling vor allen Freiern zum Auserwählten gemacht haben: Die Hochzeit zwischen Ligurern und Griechen wurde gefeiert. Eine *Bronzetafel* am Quai des Belges markiert die Stelle, an der Protis seinen Fuß auf provenzalischen Boden gesetzt haben soll – allerdings war hier damals nur Sumpf, der antike Hafen lag weiter landeinwärts. Der Alte Hafen selbst dient heute als *Jacht- und Fischereihafen*. Auf dem **Fischmarkt** (tgl. 7–9 Uhr) des Quai des Belges wird allmorgendlich der frische Fang verkauft.

Triumphaler Historismus: die Wallfahrtskirche Notre-Dame-de-la-Garde aus dem 19. Jh. folgt byzantinisch-romanischen Vorbildern

Hier drehte sich früher alles um Schiffsseile – die Flaniermeile La Canebière mit ihren imposanten Stadtpalästen

Seit 2000 werden die Fabrik- und Dockgebäude nördlich des Vieux Port, **La Friche de la Belle de Mai** (41, rue Jabin), eine ehem. Tabakfabrik, und **Les Docks de La Joliette** (Place de La Joliette), eine Speicherstadt von 1861, zu reizvollen Arealen für Ausstellungen, Theater, Musik und Kleinkunst umfunktioniert. An der Mole J 4 des Port de la Joliette etwa soll ab dem Jahr 2004 der Neubau des *Musée des Civilisations de l'Europe et de la Méditerranée* entstehen.

Der Hafeneingang ist dreifach gesichert: Außer dem vorgelagerten Château d'If bewachen das **Fort St-Jean** 4 auf der nördlichen und das **Fort St-Nicolas** 5 auf der südlichen Landzunge den Zugang. Beide entstanden im 17. Jh. unter Ludwig XIV. und ersetzten ältere Befestigungsanlagen. Von 1905 bis 1944 waren beide Forts durch eine kühne eiserne Brücke verbunden, heute wird deren Aufgabe von einem *Tunnel* erfüllt.

Die Altstadt

Vom Quai des Belges (Place du Général de Gaulle) führt die Prachtstraße **La Canebière** – der Name leitet sich von ›Cannabis‹ (Hanf) ab, weil hier die Schiffstaue hergestellt wurden – nach Osten. Sie wird gekreuzt vom im 17. Jh. angelegten **Cours Belsunce**, der im Norden Rue d'Aix heißt, im Süden aber Rue de Rome. Der *Grand Cours*, wie er auch genannt wird, besitzt zwei markante Blickpunkte: im Norden den 1833 zu Ehren der Revolutionskriege und des napoleonischen Kaiserreichs errichteten *Arc de Triomphe*, im Süden den Obelisk der *Place Castellane*.

Marseilles Altstadt ist weitgehend identisch mit dem auf drei Hügeln angelegten Stadtzentrum der Antike, wobei zu berücksichtigen ist, dass der ursprüngliche Hafen tiefer und ›hornförmig‹ ins Land eingeschnitten war. Der *Rundgang*, der allerdings nicht an einem Tag zu bewältigen ist, beginnt am Hafen. Wenige Schritte hinter dem Quai des Belges ist im Palais de la Bourse (1860), der ehem. Börse, das gleichermaßen für die Geschichte, die Seefahrt und den Handel der Stadt interessante **Musée de la Marine et de l'Économie** 6 (Di–So 11–18 Uhr, Mo/Fei geschl.) untergebracht .

Auf dem *Quai du Port* an der Nordseite des Hafens sticht das **Hôtel de Ville** 7 positiv von Perrets langweiliger Bebauung ab. Das Rathaus wurde im 17. Jh. im Stil des Genueser Barock errichtet. Der skulpturale Schmuck der Fassade stammt vom wohl genialsten Sohn der Stadt, dem Bernini-Schüler **Pierre Puget** (1620–1694).

Wenige Schritte nordwestlich fällt die ebenfalls italienisch beeinflusste **Maison Diamantée** 8 ins Auge, ein mit diamantartig geschnittener Rustika überzogener, renaissancehafter Palast. Er ist jedoch wohl nicht vor 1620 entstanden. Bauherr war Nicola della Robbia, ein Wachmann der städtischen Artillerie. In der Maison Diamantée ist heute das **Musée du Vieux Marseille** (bis mind. 2004 wegen Restaurierung geschl.) untergebracht, das anhand von Gemälden, Stichen, Plänen, Möbeln, Fayencen, Trachten und Krippenfiguren über die wechselhafte Geschichte der Stadt informiert.

An der Ecke Grand Rue und Rue Bonneterie verdient ein weiteres historisches Gebäude Beachtung: Das **Hôtel de Cabre** 9 ließ sich ein Konsul Cabre 1535 im gotischen Stil erbauen. An der Place Vivaux informiert das **Musée des Docks Romains** 10 (Okt. – März tgl. 10–17, sonst 11–18 Uhr) – an einer Stelle, an der 1946 *Lagerhäuser* des 1. Jh. n. Chr. gefunden wurden – über Leben, Alltag und Handel der römischen Hafenstadt.

Der Rue St-Laurent folgend, gelangt man zur wunderschön restaurierten **Église St-Laurent** 11 (Mi/Do 14–18, Fr 8.30–12 Uhr) am **Belvédère St-Laurent**, einem beliebten Aussichtspunkt. Von hier führt die Esplanade de la Tourette zu den beiden Kathedralen, die an der Place de-la-Major unmittelbar nebeneinander stehen. Von der aus dem 11./12. Jh. stammenden **Ancienne Cathédrale Ste-Marie-Majeure** 12 sind Chor, Querschiff und eines von ursprünglich fünf Langhausjochen erhalten. Von der kostbaren Ausstattung sind insbesondere Teile eines romanischen Sarkophags, der sog. *Altar des hl. Serenus*, beachtenswert. Zwischen den Heiligen Cannat und Lazarus ist die thronende Maria dargestellt. Der in der Provence besonders verehrte Lazarus begegnet uns noch einmal im *Lazarus-Retabel* an der Nordseite des Querhauses. Das Frührenaissancewerk schufen Tomaso di Como und Francesco

Tout le monde – elegante Damen auf dem Boulevard La Canebière

Die Cathédrale Ste-Marie-Majeur ist neben der Wallfahrtskirche das imposanteste historistische Meisterwerk des Architekten Espérandieu

Laurana. Der 411 aus Aix vertriebene Bischof Lazare war nach Marseille geflohen und wurde im Kloster St-Victor begraben [s. S. 122]. Die *Legende* identifizierte ihn mit dem biblischen Lazarus aus Bethanien. Sein Grab wurde im Mittelalter zum Ausgangspunkt der Geschichte von der wunderbaren Seefahrt mit den drei Marien, Martha und Sara.

Bei den Arbeiten an der pompösen, 1872–93 im romanisch-byzantinischen Stil errichteten **Cathédrale Ste-Marie-Majeure** ⓭ (Di–Sa 9–18.30, Mo, So/Fei 9–12 und 14.30–18 Uhr) traten die Fundamente des aus dem 5. Jh. stammenden *Baptisteriums* zutage. Es ist außen quadratisch, innen ein von Säulen getragenes Oktogon und stellt mit fast 23 m Durchmesser das größte Baptisterium Frankreichs dar (nicht zugänglich).

Die Museenlandschaft

Nördlich des Kathedralkomplexes liegt auf der Anhöhe von Acoules (2, rue de la Charité) das **Centre de la Vieille Charité** ⓮. Es wurde 1640 als Alten-und Armenhospiz erbaut und 1671–79 von Pierre Puget erweitert. Der um einen Innenhof angelegte dreigeschossige *Viereckbau* ist einer der wenigen repräsentativen Bauten des großen Bildhauers und Architekten, der in seiner Heimatstadt ansonsten vergebens auf Aufträge und Anerkennung wartete.

Das heutige Kulturzentrum beherbergt u. a. das **Musée d'Archéologie méditerranéenne** (1. Stock, Di–So 11–18 Uhr, Mo/Fei geschl.) mit einer hervorragenden Sammlung orientalischer und antiker Kunstwerke aus Ägypten, dem Nahen Osten, Zypern, Griechenland und Rom. Zu den Glanzstücken aber gehören die ebenso faszinierenden wie rätselhaften Funde von Roquepertuse, einer Siedlung im Norden von Vitrolles: kelto-ligurische Skulpturen, über deren Bedeutung und zeitliche Ansetzung sich die Forschung noch keineswegs einig ist.

Empfehlenswert ist, von hier aus die Treppenstraße der *Montée des Accoules* hinabzusteigen, vorbei am achteckigen *Clocher des Accoules*, dem Glockenturm einer nicht erhaltenen Kirche des 12. Jh.

Jenseits der Rue de la République erinnert in der Rue Henri-Barbusse der **Jardin des Vestiges** ⓯, ein archäologischer *Ruinengarten*, an die griechisch-römische Vergangenheit der Stadt.

Hinter dem Archäologischen Garten, im Erdgeschoss des Geschäftszentrums Centre-Bourse, vertieft das **Musée d'Histoire de Marseille** ⓰ (Mo–Sa 12–19 Uhr) die gewonnenen Erkenntnisse. Ein Besuch des Museums ist unbedingt zu empfehlen – sowohl wegen des hier ausgestellten *römischen Handelsschiffs* aus dem 3. Jh. und der zahlreichen *Funde* aus kelto-ligurischer, griechischer und römischer Zeit, als auch wegen der geschickt konzipierten *Diaschau*, die einen informativen Abriss über die Geschichte von Marseille vermittelt.

Das Viertel zwischen Jardin des Vestiges, Porte d'Aix, Canebière und Bahnhof heißt **Belsunce** und ist seit langem Einwandererviertel, ein Stück quirliges, buntes, lärmendes Afrika. Der 1892/93 entstandene Bahnhof, die **Gare-St-Charles** ⓱ am Boulevard Maurice-Bourdet mit der mächtigen Freitreppe, ist seiner damaligen Modernität wegen bemerkenswert. Wir folgen der fast 1200 m langen Canebière, die an der 1850–90 errichteten neugotischen **Église St-Vincent de Paul** ⓲ endet, dort aber durch einige Boulevards weitergeführt wird. Wir wählen den Boulevard Longchamp und erreichen nach 800 m das **Musée Grobet-Labadié** ⓳ (Di–So 11–18 Uhr, im Winter bis 17 Uhr, Mo/Fei geschl.). Es wurde im 1873 erbauten ehem. Stadtpalais des Musikers Louis Grobet eingerichtet und enthält neben dessen Instrumentensammlung Skulpturen des Mittel-

Die Moderne als Kulisse für die Antike im Jardin des Vestiges von Marseille

alters, Fayencen, Kunstschmiedearbeiten, Tapisserien und Möbel, aber auch Zeichnungen und Gemälde.

Das pompöse **Palais Longchamp** 20, das mit seinen Kolonnaden und Wasserspielen effektvoll die Straße abschließt, wurde von Espérandieu 1862–70 erbaut. Sein Mittelpavillon diente als *Wasserturm* – das 19. Jh. wusste historischen Prunk und moderne Technik miteinander zu verbinden. Das Palais beherbergt zwei bedeutende Museen: Im linken Flügel zeigt das **Musée des Beaux-Arts** (tgl. 11–18 Uhr, im Winter bis 17 Uhr) Gemälde von Nattier, Greuze, Vernet und Rigaud, Courbet und Ingres, David und Corot, Rubens und Brueghel, Perugino, Carracci u. a., Skulpturen des in Marseille geborenen Daumier und Arbeiten von Pierre Puget sowie Wandgemälde im Treppenhaus von Puvis de Chavannes. Im rechten Flügel befindet sich das sehenswerte **Musée d'Histoire naturelle** (Di–So 10–17 Uhr, Mo/Fei geschl.), in dem u. a. Flora und Fauna der Provence und Aquarien mit tropischen und mediterranen Fischen zu sehen sind.

Auf dem Weg zur Abtei St-Victor lohnt ein Besuch des **Musée Cantini** 21 (Di–So 11–18 im Winter bis 17 Uhr, Mo/Fei geschl.). Hier in der Rue Grignan (Metro-Station: Estrangin Préfecture) ist in einem Palais der Barockzeit eine bemerkenswerte Sammlung *moderner Kunst* untergebracht.

Das Lied der Freiheit

Wer weiß schon, dass die **Marseillaise**, *das berühmte Kampflied der Französischen Revolution, nicht in Marseille, sondern im Elsass entstanden ist?*

Wahr ist, dass der junge Stabsoffizier **Rouget de Lisle** *es 1792 in Straßburg für die Rheinarmee dichtete und komponierte. Im selben Jahr schickten die Bürger von Marseille 500 Freiwillige zur Unterstützung der Revolutionstruppen nach Paris.*

Damals nahmen sie das schwungvolle, zündende Lied in die Hauptstadt mit. Tausende stimmten ein, als die Soldaten in die Metropole einmarschierten, die Begeisterung war überwältigend. Text, Melodie und Rhythmus drückten offensichtlich aus, was alle empfanden, Aufbruchstimmung brach sich Bahn aus tausend Kehlen.

Wenig später dann wurde das Freiheitslied zur offiziellen Nationalhymne des neuen Frankreich.

Abbaye St-Victor

Die **Abbaye St-Victor** 22 in der Rue Sainte wirkt wie eine trutzige Festung. Vom Kloster, einem der ältesten des Abendlandes, ist fast nichts übrig geblieben, doch die Reste halten die Erinnerung an dieses mächtige und einflussreiche Zentrum kirchlicher und weltlicher Macht und Strahlkraft wach. Der Kirchenpatron, der *hl. Victor*, lebte im 3. Jh. Er soll ein zum Christentum übergetretener römischer Offizier gewesen sein, der unter dem Mitkaiser Maximian den Märtyrertod erlitt und in der Nekropole in den alten Steinbrüchen außerhalb der Stadt begraben wurde.

Nach den Zerstörungen durch die Sarazenen wurde das Kloster 977 als **Benediktinerabtei** neu gegründet und im 11. Jh. wieder aufgebaut. Es gewann rasch an Bedeutung und Macht.

Von der frühromanischen **Kirche** (tgl. 8–19 Uhr) ist noch die nördliche Eingangshalle erhalten, das heutige Langhaus ist das Resultat einer kühnen *Erweiterung* (12./13. Jh.), bei der gewaltige Substruktionen gebaut werden mussten, um das über den Hang hinausragende südliche Seitenschiff abzustützen. *Chor* und *Querhaus* entstammen einer weiteren Bauphase und wurden von Papst Urban V. initiiert. Mitte des 18. Jh. wurde das Kloster in ein *Stift* umgewandelt, in der Französischen Revolution aufgehoben und zerstört. 1895 begann man mit der Wiederherstellung der Kirche.

Der größte Schatz der Kirche sind die sog. **Krypten**. Der dreischiffige Vorgängerbau (5. Jh.) mit seinem quadratischen Atrium und der Kapelle St-Blaise wurde im 13. Jh. mit dem neuen Seitenschiff der romanischen Kirche überbaut. Vom östlichen Seitenschiff der alten Basilika aus gelangt man in die **Grottenkirche** des hl. Victor. Das Kapitell einer aus Felsen gehauenen Säule zeigt eine bärtige, im Volksmund mit Lazarus identifizierte Figur. Ein Gang tut sich auf, mündet in weitere Katakombenräume. Auch unter der Basilika wurden *Gräber* aus dem 3. Jh. gefunden, frühchristliche Sarkophage verweisen auf eine umfangreiche **Nekropole**, einige von ihnen wurden auch in der Oberkirche aufgestellt. An

Imperiale Inszenierung – in der stimmungsvollen Architekturlandschaft des Palais Longchamp von Marseille residieren heute zwei bedeutende Museen

diesem Ort fühlt man sich den Ursprüngen des Christentums nahe.

Ein lohnender Ausflug mit wunderbaren Ausblicken auf die Bucht von Marseille führt vom Parc du Pharo (Schloss von Napoleon III. für seine Gattin Eugénie erbaut, heute Krankenhaus) über die 5 km lange Küstenstraße *Corniche John F. Kennedy* zum **Parc Borély** im Süden der Stadt. Hier sind dann nicht nur die Gartenanlagen (u. a. Botanischer Garten) zu bewundern, sondern auch das strenge, eigenartig modern anmutende klassizistische *Schloss*, das sich der reiche Reeder Borély in den 70er-Jahren des 18. Jh. hatte erbauen lassen.

Über die Avenue du Prado kehrt man zurück ins Stadtzentrum. Wendet man sich jedoch vom Rond Point du Prado noch einmal nach Süden, so kommt man auf dem Boulevard Michelet unmittelbar an *Le Corbusiers* 1947–52 entstandener **Unité d'habitation** 23, auch Cité Radieuse genannt, vorbei, einer gigantischen Agglomeration von Apartmenthäusern für 1600 Menschen.

Ebenfalls im Süden, im Haus 69, avenue d'Haifa befindet sich das sehenswerte Museum **Le MAC** (Okt.–Mai Di–So 10–18, Juni–Sept. 11–18 Uhr), das Kunst des 20./21. Jh. vornehmlich aus Frankreich präsentiert.

Architekturgeschichte baute Le Corbusier mit der Unité d'habitation

Praktische Hinweise

Information: Office de Tourisme, 4, La Canebière, Tel. 04 91 13 89 00, Fax 04 91 13 89 20, Internet: www.marseille-tourisme.com. – Gare St-Charles, Tel. 04 91 50 59 18

Hotels

TOP TIPP ****__Le Petit Nice-Passedat__, 160, corniche John F. Kennedy, Tel. 04 91 59 25 92, Fax 04 91 59 28 08, Internet: www.petitnice-passedat.com. Stilvoll eingerichtetes Haus in traumhafter Lage hoch über dem Meer mit hervorragendem Restaurant (15. Nov.– 7. Dez., Rest. So und Mo mittags geschl.).

****__Sofitel Vieux Port__, 36, boulevard Charles Livon, Tel. 04 91 15 59 00, Fax 04 91 15 59 50. Modernes Luxushotel mit Panorama-Restaurant, das einen faszinierenden Blick auf den Alten Hafen bietet.

***__New Hotel Vieux Port__, 3bis, rue Reine Elizabeth, Tel. 04 91 99 23 23, Internet: www.new-hotel.com. Zentral gelegenes, komfortables Hotel.

Restaurants

Chez Soi, 5, rue Papère, Tel. 04 91 54 25 41. Gute, preisgünstige Küche (geschl. Juli/Aug. So abends, außerdem Mo).

Michel-Brasserie des Catalans, 6, rue Catalans, Tel. 04 91 52 30 63. Sehr gute Küche, Spezialitäten sind Fische und Meeresfrüchte.

Miramar, 12, quai du Porte, Tel. 04 91 91 10 40. Vorzügliche Küche, Spezialität: Bouillabaisse. Stilvolles Speisen auch im Garten möglich.

46 St-Maximin-la-Ste-Baume

Das Heiligtum der Magdalena – die größte gotische Kirche der Provence.

Man erreicht St-Maximin mit seiner schon von weitem sichtbaren Kirche entweder von Aix aus über die N 7 oder über die A 8 – beide folgen der alten Via Aurelia – oder aber von Marseille aus über die schöne **Passstraße D 2**, die mitten durch das Massif de la Ste-Baume über den Col d'Espigoulier und die **Hôtellerie la Ste-Baume** führt. Von ihr aus erreicht man auf einem Fußweg die Höhle, in die sich einst laut Legende die *hl. Magdalena* als büßende Einsiedlerin zurückzog [s. S. 97]. Die Grotte im dichten Eichenwald war übrigens schon zur Zeit der Ligurer ein heiliger Ort.

Verehrt aber wird Magdalena in der **Basilique St-Maximin**. Die Dominikanerkirche ist mit einer Länge von 73 m und 29 m Scheitelhöhe das größte gotische Gotteshaus der Provence. Die lang gestreckte, dreischiffige Anlage – ohne Querhaus und mit auffallend bescheidenem Turm – wirkt wie ein Fremdkörper in der provenzalischen Architekturlandschaft. Offensichtlich – man beachte die Strebepfeiler und die weitgehende Auflösung der Wand durch Fenster – ist nordfranzösischer Einfluss mit im Spiel, und dieser wiederum hängt interessanterweise unmittelbar mit der Verehrung der hl. Magdalena zusammen.

Seit dem 9. Jh. wurden die **Reliquien der hl. Magdalena** im burgundischen *Vézelay*, in einer der großen Pilgerkirchen des Abendlandes, verehrt. In Vézelay entstand im 11. Jh. die *Legende* jener wundersamen Meerfahrt, von der es verschiedene Versionen gibt. In einigen Fassungen der Magdalena-Legende ist die Rede von St-Maximin. Dieser Hinweis veranlasste im Jahre 1279 *Karl II. von Anjou*, damals noch Prinz und Thronprätendent, nachzuforschen. Es gab hier ein seit dem 11. Jh. bestehendes Priorat der Benediktiner von St-Victor mit einem niedrigen, tonnengewölbten Raum, der wohl als Gruft einer **römischen Villa** Ende des 4. Jh. entstanden sein dürfte – die heutige Krypta, das ›Allerheiligste‹ dieser Kirche. Antike Sarkophage verweisen auf eine **frühchristliche Nekropole**, am Ort wurden die Gefährten der Magdalena, Maximin und Sidonius, verehrt. Was lag also näher, als hier nach den Gebeinen der Heiligen zu fahnden? Karl fand, was er suchte, und ein Traum ›bewies‹ ihm und aller Welt die Echtheit der Reliquien. Der Protest des geprellten Vézelay half nichts, denn Papst Bonifatius VIII. stellte sich auf die Seite des mittlerweile an die Regierung gelangten Königs, und dem Bau eines neuen **Wallfahrtszentrums** stand nun nichts mehr im Wege. Die Gelder flossen üppig, die Mönche von St-Victor wurden vertrieben, Dominikaner mit der Pflege der Wallfahrt betraut. Als Baumeister wurde aus dem Norden ›Peter der Franzose‹ berufen; nach seinem Entwurf entstanden, wenngleich in Etappen, so doch erstaunlich einheitlich, Kirche und Kloster. **Baubeginn** war 1296, bis 1316 waren Chor, dreischiffiges Ostjoch und Teile der Klostergebäude vollendet, 1330–50 entstanden weitere Joche, die restlichen Bauteile dann bis hin zum provisorischen Westabschluss in den Jahren 1508–12.

Die Anlage hat einiges an künstlerischer **Ausstattung** zu bieten: die flamboyanten *Seitenschiffportale* (das Mittelportal ist unvollendet); die mächtige *Orgel* des Dominikanerbruders Isnard von 1773; *Chorschranken* und *Chorgestühl* (1692), deren Reliefs Szenen aus dem Ordensleben der Dominikaner zeigen; *Stuckdekorationen* und schöne *Altäre*. Bemerkenswert sind insbesondere in der

Gotische Rarität: in St-Maximin-la-Ste-Baume entstand im 13./14. Jh. diese Ordenskirche, in der Maria Magdalena verehrt wird

rechten Seitenapsis der *Rosenkranzaltar* (18. Jh.) mit Szenen aus dem Leben der Maria Magdalena und in der linken Seitenapsis der *Passionsaltar* (1520) von Antoine Ronzen. Er zeigt u. a. eine sehr realistische Darstellung mit topographisch genauen Details wie der Piazzetta von Venedig, dem Kolosseum in Rom und dem Papstpalast in Avignon.

Schließlich gibt es in der **Krypta** außerordentlich interessante Sarkophage der Arleser Schule des 5. Jh., so z. B. den *Magdalenen-Sarkophag* mit Wunderheilungen, Auferstehung Christi und Prophezeiung der Verleugnung des Petrus. Der Sargdeckel zeigt das Weinwunder von Kana und das Opfer des Abraham, die Schlüsselübergabe an Petrus und eine Totenerweckung. Näher an der erzählenden antiken Tradition ist der *Maximin-Sarkophag*: Die einzelnen Szenen und Figuren sind noch nicht voneinander getrennt. Dargestellt sind Ereignisse aus der Kindheitsgeschichte Jesu und der Petrusgeschichte, die zu Szenen aus dem Alten Bund typologisch in Beziehung gesetzt werden. So wird z. B. die Übergabe der Gesetzestafeln an Moses mit der Übergabe der Schlüssel an Petrus in Verbindung gebracht. Ein einfacher **Kreuzgang** (April–Okt. 10–12 und 14–18.30 Uhr, sonst nur So/Fei nachmittags) aus dem 15. Jh. verbindet das Gotteshaus mit den Gebäuden des ehem. Konvents.

Ausflug

TOP TIPP Rund 70 km nordöstlich von St-Maximin erstreckt sich der **Grand Canyon du Verdon**, eine der spektakulärsten Schluchten Mitteleuropas. Als Ausgangspunkt für unvergessliche Wanderungen, etwa auf dem grandiosen *Sentier Martel*, eignet sich der Ort *Moustiers-Ste-Marie*, eine Wanderkarte und gutes Schuhwerk sowie Proviant sind unbedingt erforderlich. Eindrucksvolle Blicke auf den Canyon bietet auch die Höhenstraße D 952.

Praktische Hinweise

Information: Office de Tourisme, Place de l'Hôtel de Ville, Tel. 04 94 59 84 59, Fax 04 94 59 82 92, Internet: www.stmaximin.enprovence.com

Hotel

Plaisance, 20, place Malherbe, Tel. 04 94 78 16 74, Fax 04 94 78 18 39. Angenehmes Mittelklassehotel (7.–31. Jan. geschl.).

Restaurant

Chez Nous, Boulevard Jean Jaurès, Tel. 04 94 78 02 57. Gutes Restaurant der gehobenen Preisklasse mit Garten.

5F

Miel

Provence aktuell A bis Z

Vor Reiseantritt

ADAC Info-Service:
Tel. 0 18 05/10 11 12, Fax 30 29 28 (0,12 €/Min.)

ADAC im Internet:
www.adac.de
www.adac.de/reiseführer

Provence im Internet:
www.franceguide.com
www.provenceguide.com

Bei den Reisevorbereitungen ist das Französische Fremdenverkehrsamt **Maison de la France** gern mit Informationen behilflich:

Deutschland
Westendstr. 47, 60325 Frankfurt/Main, Tel. 01 90/57 00 25, Fax 01 90/59 90 61 (jeweils 0,62 €/Min.), E-Mail: info.de@franceguide.com

Österreich
Argentinierstr. 41a, 1040 Wien, Tel. 90 00 25 00 15 (gebührenpflichtig), Fax 01/5 03 28 71, E-Mail: info@mdlf.at

Schweiz
Rue Thalberg 2, 1201 Genève, Tel. 0900 900 699 (gebührenpflichtig), Fax 02 29 09 89 71, E-Mail : mdlfgva@bluewin.ch

Allgemeine Informationen

Reisedokumente

Reisepass oder Personalausweis, unter 16 Jahren Kinderausweis oder Eintrag im Elternpass.

Kfz-Papiere

Neben Führerschein und Fahrzeugschein sollte man auch die Internationale Grüne Versicherungskarte mitnehmen.

Krankenversicherung und Impfungen

Als Krankenversicherung sollte man sich den Anspruchsausweis der Krankenkasse besorgen sowie – zusätzlich – eine Auslandskrankenversicherung abschließen.

Für **Hund** und **Katze** benötigt man eine Tollwut-Impfbescheinigung, die mindestens 1 Monat und höchstens 1 Jahr alt ist. Zur Identifizierung der Tiere ist ein Mikrochip oder eine Tätowierung erforderlich. Tiere, die jünger als 3 Monate sind, benötigen eine Einfuhrerlaubnis.

◁ *Bilder der Provence voller Sport, Spiel, Spannung und Speisen: Stierkampf in der antiken Arena von Nîmes und die Nuit de Petit Jean in Valréas (***oben***), Gewürzpalette und Indiennes in St-Rémy (***Mitte***), Radtouring am Canyon du Verdon und Honigparade in Orange (***unten***)*

Zollbestimmungen

Im privaten Reiseverkehr innerhalb der EU dürfen Waren zum eigenen Verbrauch unbegrenzt mitgeführt werden. Zur Abgrenzung zwischen privater und gewerblicher Verwendung gelten folgende Richtmengen: 800 Zigaretten, 400 Zigarillos, 200 Zigarren, 1 kg Rauchtabak, 10 l Spirituosen, 20 l Zwischenerzeugnisse, 90 l Wein (davon maximal 60 l Schaumwein) und 110 l Bier. Für Reisende aus Nicht-EU-Ländern (z.B. Schweiz) gelten geringere Mengen

Geld

Die gängigen **Kreditkarten** werden in Banken, Hotels und vielen Geschäften akzeptiert. **EC-Geldautomaten** sind weit verbreitet. Auch mit der Postbank Sparcard erhält man an VISA-PLUS-Automaten rund um die Uhr Geld.

Tourismusämter im Land

In vielen Ort der Provence gibt es ein Office de Tourisme (s. Praktische Hinweise), das reichhaltiges Material aushändigt, teilweise auch in Deutsch. Meist sind die Geschäftszeiten tgl. 9–12.30 und 14–19 Uhr, etliche Touristenbüros öffnen aber nur im Sommerhalbjahr.

Zusätzlich gibt es überregionale Touristenbüros, die über Listen von Hotels und Privatunterkünften verfügen:

Comité Régional du Tourisme Provence-Alpes-Côte d'Azur, 10, Les Docks, place de la Joliette, 13567 Marseille Cédex 2, Tel. 04 91 56 47 00, Fax 04 91 56 47 01, Internet: www.crt-paca.fr

Comités Départmentaux du Tourisme:

Département du Bouches-du-Rhône, 13, rue Roux-de-Brignoles, 13006 Marseille, Tel. 04 91 13 84 13, Fax 04 91 33 01 82, Internet: www.visitprovence.com

Département Vaucluse, rue Collège de la Croix, BP 147, 84008 Avignon, Tel. 04 90 80 47 00, Fax 04 90 86 86 08

Département Rhône-Alpes, 104, route de Paris, 69260 Charbonnière-les-Bains, Tel. 04 72 59 21 59, Fax 04 72 59 21 60, Internet: www.crt-rhonealpes.fr

Département Var, 1, bd. Foch, BP 99, 83303 Draguignan, Tel. 04 95 50 55 50, Fax 04 95 50 55 51, Internet: www.tourismevar.com

Notrufnummern

Polizei *(Police),* **Unfallrettung:** Tel. 17

Notarzt *(SAMU – Service d'Aide Médicale d'Urgence)*: Tel. 15

Feuerwehr *(Pompiers)*: Tel. 18

Pannenhilfe auf Autobahnen über Notrufsäulen, ansonsten:

ADAC-Notrufstation Frankreich:
Tel. 04 72 17 12 22 (rund um die Uhr)

ADAC-Notrufzentrale München:
Tel. 00 49/89/22 22 22 (rund um die Uhr)

ADAC-Ambulanzdienst München:
Tel. 00 49/89/76 76 76 (rund um die Uhr)
Österreichischer Automobil Motorrad und Touring Club
ÖAMTC Schutzbrief-Nothilfe:
Tel. 00 43/(0)1/2 51 20 00

Touring Club Schweiz
TCS Zentrale Hilfsstelle:
Tel. 00 41/(0)2 24 17 22 20

Diplomatische Vertretungen

Deutsches Generalkonsulat, 338, av. du Prado, 13295 Marseille Cedex 8, Tel. 04 91 16 75 20, Fax 04 91 16 75 28, E-Mail: gkmarseille@wordlonline.fr

Österreichisches Honorargeneralkonsulat, 27, cours Pierre Puget, 13006 Marseille, Tel. 04 91 53 02 08, Fax 04 91 53 71 51, E-Mail: consulat-autriche@renard-associes.com

Schweizer Generalkonsulat, 7, rue d'Arcole, 13291 Marseille, Tel. 04 96 10 14 10, Fax 04 91 57 01 03, E-Mail: vertretung@mar.rep.admin.ch

Besondere Verkehrsbestimmungen

Tempolimits (in km/h): Für Pkw (auch mit Anhänger), Motorräder und Wohnmobile gelten innerorts 50, auf Straßen mit zwei Fahrstreifen 110 (bei Nässe 100), auf Autobahnen 130 (bei Nässe 110), auf sonstigen Straßen 90 (bei Nässe 80). Wer seinen Führerschein noch keine zwei Jahre besitzt, darf außerorts höchstens 80, auf Autobahnen höchstens 110 fahren. *Wohnmobile* und *Anhänger* sind bis zu 2,5 m Breite und 12 m Länge zugelassen, Gespanne bis 18 m Länge.

Bei Regen und Schnee ist *Abblendlicht* vorgeschrieben. Gelbe Streifen am Fahrbahnrand bedeuten *Parkverbot*.

Die **Promillegrenze** liegt bei 0,5.

Anreise

Auto

Umfangreiches **Informations-** und **Kartenmaterial** können Mitglieder des ADAC kostenlos bei den ADAC-Geschäftsstellen oder unter Tel. 0 18 05/10 11 12 (0,12 €/Min.) anfordern. Außerdem sind im ADAC Verlag die Länder-Karte **Frankreich** (1 : 400 000) im 8er-Set und die Urlaubskarte *Provence und Côte d'Azur* (1:200 000) erschienen (Internet: www.adac.de/karten).

Aus Deutschland kommt man in die Provence über Burgund und das Rhônetal (Lyon, Vienne, Valence, Montélimar), aus der Schweiz oder Österreich durch das Rhônetal oder das Tal der Isère (Genf, Grenoble, Valence, Montélimar).

Die französischen **Autobahnen** sind, bis auf kurze Strecken um die großen Städte, gebührenpflichtig (*Péage*). Gebühren zahlt man bar oder mit Kreditkarte. In den ADAC-Geschäftsstellen erhalten Mitglieder eine Liste der mautpflichtigen Autobahnen mit Preisangaben.

Bahn und Autoreisezug

Die Provence ist mit der Bahn gut zu erreichen, die Hauptstrecke ist Lyon–Orange–Avignon–Arles–Marseille. Der **TGV** (Train Grande Vitesse) hält u. a. in

Lyon, Avignon und Marseille. Zu allen anderen größeren Städten bestehen gute Schnellzugverbindungen. Von den Bahnhöfen aus sind kleinere Ziele oft gut mit dem Bus zu erreichen.
Von mehreren deutschen Städten fahren **Autoreisezüge** (mit Schlaf- und Liegewagen) nach Avignon.

Fahrplanauskunft:

Deutschland

Deutsche Bahn, Tel. 1 18 61 (gebührenpflichtig), 08 00/1 50 70 90 (sprachgesteuert), Internet: www.bahn.de

Deutsche Bahn AutoZug, Tel. 018 05/ 2 42 24, Internet: www.autozug.de

Österreich

Österreichische Bundesbahn, Tel. 05 17 17, Internet: www.oebb.at

Schweiz

Schweizerische Bundesbahnen, Tel. 09 00 30 03 00, Internet: www.sbb.ch

Bus

Von verschiedenen deutschen Städten aus fahren Busse in die Provence, z.B. nach Aix-en-Provence, Arles, Avignon, Marseille, Nimes und Orange.

Deutsche Touring, Am Römerhof 17, 60486 Frankfurt/M., Tel. 0 69/ 79 03 50, Fax 7903219, Internet: www.deutsche-touring.com

Flugzeug

Inlandsflüge sind wesentlich billiger, wenn man die Tickets in Frankreich kauft. Es lohnt sich also, vom Ausland nach Paris zu fliegen und dort die Anschlussflüge zu buchen.

Internationale Flughäfen:
Marseille-Marignane, Tel. 04 42 14 14 14, Internet: www.marseille.aeroport.fr
Nîmes-Garons (Arles-Camargue), Tel. 04 66 70 49 49

Regionale Flughäfen:
Avignon-Caumont, Tel. 04 90 81 51 51, Internet: www.avignon.aeroport.fr
Salon-de-Provence, Tel. 04 90 53 16 81

Bank, Post, Telefon

Bank

Öffnungszeiten: Mo–Fr 9–12 und 14–16.30 Uhr. In größeren Städten sind einige Banken auch am Samstag geöffnet.

Post

Öffnungszeiten der Postämter (**PTT**): Mo–Fr 9–12 und 14–17 oder 15–18 (in größeren Orten oft durchgehend), Sa 9–12 Uhr. Briefmarken *(Timbres)* sind auch in Tabakläden *(Tabac)* erhältlich.

Telefon

Internationale Vorwahlen:

Frankreich 00 33
Deutschland 00 49
Österreich 00 43
Schweiz 00 41

Die französischen Telefonnummern sind zehnstellig und beginnen mit 0. Bei Gesprächen vom Ausland nach Frankreich lässt man diese 0 weg (= 00 33 + neunstellige Nummer).

Für die meisten Telefonzellen benötigt man Telefonkarten *(Télécartes)*, die in Postämtern, Bars oder Tabakläden erhältlich sind.

In ganz Frankreich können handelsübliche **GSM-Mobiltelefone** aller deutschen Netzbetreiber benutzt werden.

Einkaufen

Öffnungszeiten der Geschäfte sind in der Regel: 9–12.30 und 15–19 Uhr. Es gibt jedoch individuelle Abweichungen. Lebensmittelläden und Bäckereien *(Boulangerie)* öffnen meist schon um 7 Uhr. Bäckereien und Supermärkte haben in der Regel Sonntag vormittags geöffnet, sind dafür aber montags geschlossen.

Charcuterie (Wurstwaren) und *Boucherie* (Fleischwaren) sind meist verschiedene Geschäfte. Fast jeder Ort hat seinen **Markt** mit herrlichem Gemüse, duftenden Kräutern, Honig, Konfitüren und Schafs- und Ziegenkäse, in Meeresnähe natürlich jede Menge Fisch und Krustentiere.

Landestypische **Souvenirs** sind: kandierte Früchte und köstliche Konfitüren, Lavendelhonig, Seifen und duftende Kräuter *(Herbes de Provence)* als Duft- oder Würzmischung, Lavendelessenz und bunt bedruckte Stoffe, die sog. Indiennes. Und natürlich die berühmten Santons, aus Ton gebrannte, bunt bemalte Figürchen, ferner Kunsthandwerkliches, regionale Weine und das berühmte kaltgepresste Olivenöl *(Huile vièrge)*.

Essen und Trinken

Die **provenzalische** Küche ist deftig, bäuerlich, keineswegs raffiniert. Frisches Gemüse, Gewürze wie Rosmarin, Lorbeer, Thymian und andere Wildkräuter, Olivenöl, Brot und viel Knoblauch, an der Küste Fisch und Schalentiere, danach Schafs- und Ziegenkäse und vielleicht zum Abschluss ein Schluck köstlicher *Marc de Provence* (Tresterschnaps) – das sind, in groben Zügen skizziert, die Konturen der provenzalischen Esskultur. Natürlich darf der **Wein** nicht fehlen. Gut und bekömmlich sind in der Regel die ›Hausweine‹ der Region, zu Fisch und Meeresfrüchten kann der vorzügliche Weißwein aus Cassis empfohlen werden.

Spezialitäten

Die Spezialitäten der Provence waren ursprünglich Armeleutespeisen. Heute kann man sie sich in einem Spitzenrestaurant in veredelter Form servieren lassen oder in einem deftigen, bodenständigen Lokal: Die dicke Gemüsesuppe *Soupe au pistou* oder die *Ratatouille* (wörtlich: ›Fraß‹), der mit Kräutern gewürzte Gemüseeintopf, oder die *Bouillabaisse*, bei der ursprünglich keine teuren Krustentiere sondern lediglich die ›Abfälle‹ von Fischen verwendet wurden.

Daube (Rinder- und Hammelschmorbraten), *Côtes d'Agneau* (Lammkoteletts) und *Boeuf gardian* (Rindergulasch) waren schon von jeher Sonntagsessen, auch *Tripes* (Kutteln) sind beliebt – ›à la provençale‹ bedeutet immer mit Tomaten und Kräutern. Schließlich darf die köstliche Knoblauch-Mayonnaise *Aioli* nicht vergessen werden, die man aus Eiern, Kartoffeln und Knoblauch – alles fein zerhackt – mit Olivenöl anrührt.

Weitere Köstlichkeiten sind gefüllte Tomaten, *Courgettes* (Zucchini) oder *Moules farçies* (Muscheln), *Lapin à la diable* (geschmortes Kaninchen mit Sardellen und Speck), *Poulet aux herbes et aux olives* (Hähnchen mit Kräutern und Oliven) oder *Pilaf des pêcheurs* (Muschelpfanne mit Reis) aus der Camargue. Eine Fischspezialität ist *Morue sèche* (Stockfisch), sehr typisch auch der Eintopf *Bourride* (aus Seeteufel und Wolfsbarsch) mit *Croûtons* (geröstetem Weißbrot). Es ist zu empfehlen, bei Gelegenheit als Vorspeisen *Pâté provençale* (Pastete aus Geflügelleber), *Sardines à la sétoise* (mit Sardinenpüree gefüllte Tomaten) oder frische Feigen mit rohem Schinken umwickelt zu probieren. Außer den gängigen **Desserts** lohnt es sich, *Tartelettes au miel et aux noix* (Törtchen mit Honig und Nüssen) oder *Compote de pommes et poires* (Kompott aus Äpfeln und Birnen) zu kosten.

Rund ums Essen

Wer essen möchte wie die Provenzalen, wird auf das **Frühstück** weitgehend verzichten und in einer Bar im Stehen *un café* (kleine Tasse schwarzer Kaffee), *un crème* (kleiner Kaffee mit Milch) oder *un grand crème* (großer Milchkaffee) trinken, dazu gehört ein Croissant.

Die meisten Franzosen essen **mittags** nur eine Kleinigkeit (außer sonntags), **abends** dagegen um so üppiger. Hat man nicht vor, die französische Speisenfolge von mindestens drei Gängen zu absolvieren, so gehe man nicht in ein Restaurant, sondern in eine Bar oder eine Brasserie.

In den **Bars** gibt es neben Kaffee auch Wein, Bier, Limonade und diverse Aperitifs, vor allem die aus Anis hergestellten (Pernod, Picard, Pastis, Anisette). Eine herrliche Erfrischung an heißen Tagen ist *Citron pressé*, frisch gepresster Zitronensaft, der nach Belieben mit Wasser (und Eiswürfeln, *Glaçons*) verdünnt wird.

Essenszeiten werden in der Regel strikt eingehalten: mittags 12 – 14 Uhr, Abendessen gibt es selten vor 19 und noch seltener nach 21 Uhr. Im Restaurant weist der Ober den Tisch zu. Die Rechnung *(l'Addition)* enthält schon das **Trinkgeld** *(Pourboire)*, doch ist eine Zugabe von 10 – 15 % der Rechnungssumme üblich.

Feste und Feiern

Feiertage

1. Januar (Neujahr/*Nouvel An*), Ostermontag (*Lundi de Pâques*), 1. Mai (Tag der Arbeit/*Fête du Travail*), 8. Mai (Ende des Zweiten Weltkriegs/*Armistice 1945*), Christi Himmelfahrt (*Ascension*), Pfingstmontag (*Lundi de Pentecôte*), 14. Juli (Nationalfeiertag/*Fête Nationale*), 15. August (Mariä Himmelfahrt/*Assomption*), 1. November (Allerheiligen/*Toussaint*), 11. November (Ende des Ersten Weltkriegs/*Armistice 1918*), 25. Dezember (Weihnachten/*Noël*).

Feste

Meist wird das Fest des jew. Kirchenpatrons mit bunten Umzügen und Tänzen gefeiert. Informationen gibt es beim Office de Tourisme. Hier eine Auswahl:

Februar

Carpentras: Trüffelmesse

Marseille (2.2.): Mariä Lichtmess

Nyon (1. So): Fête de l'huile nouvelle, Fest des neuen Olivenöls

März / April

Arles (Osterwochenende): Oster-Féria mit blutigen ›spanischen‹ Stierkämpfen.

Villeneuve-lès-Avignon (Ende April): St. Markus-Fest, Umzüge mit einem geschmückten Weinstock.

Mai

Arles (1.5.): Fest der Guardians (Rinderhirten) mit Segnung der Pferde.

Les-Saintes-Maries-de-la-Mer (24.–26.5.): Pèlerinage des Gitanes (Zigeunerwallfahrt).

Mai / Juni

Apt (Pfingsten): großer Reiterumzug; Musikfestival.

Nîmes (Pfingsten): Pfingst-Féria.

St-Rémy-de-Provence (Pfingstmontag): Almauftrieb.

Juni

Valréas (23.6.): Nuit du Petit Jean, Fest des Kl. Johannes, mit Historienumzug zu Ehren des Schutzpatrons der Stadt.

Tarascon (letztes Wochenende): La Tarasque-Fest. Empfang des Tartarin und Stierkampf.

Juli

Arles (2.7.): Pegoulado mit abendlichem Trachtenumzug (1. Mo): Stierkampf um die Goldene Kokarde.

Salon-de-Provence (1. Woche): Historisches Nostradamus-Fest.

Les-Saintes-Maries-de-la-Mer (2. Woche): Pferde-Féria: Leistungsschau von Zugpferden und Spiele in der Stierkampfarena.

Nyons (Sa vor 14.7.): Internationales Olivenbaumfest.

Juli – September

Arles: Stierkämpfe verschiedenster Art.

August

Valréas (1. Sa): Lavendelfest mit abendlichem Korso.

St-Rémy-de-Provence (15.8.): Féria mit Stierkampf in provenzalischem Stil.

Séguret (3. Wochenende): Provenzalische Festwoche mit Weinfest.

Aigues-Mortes (Ende des Monats): St.-Ludwigsfest.

September

Arles: Reiserntefest mit Korso und Féria.

Nîmes (vorletztes Wochenende): La Fête des Vins, Weinlese-Féria.

Oktober

Les-Saintes-Maries-de-la-Mer (So vor dem 22.10.): Prozession zum Strand und Segnung des Meeres.

November

Marseille (letztes Wochenende): Foire aux Santons, Santonsmesse.

Dezember

In vielen Kirchen sind in der Weihnachtszeit sehr schöne fantasievolle Krippen aufgestellt, z. T. mit beweglichen Mühlrädern, Windmühlen und Figuren.

Klima und Reisezeit

Die französische *Mittelmeerküste* war lange das bevorzugte Ziel für vermögende Winterurlauber. Linde Temperaturen, Sonne, Blütenpracht von Dezember bis Februar bieten auch heute noch eine faszinierende Alternative zum Winterklima anderer europäischer Regionen. An der Küste liegen die Temperaturen dann bei 13 bis 17 °C. Im *Landesinneren* dagegen kann es im Winter und Frühjahr empfindlich kühl sein, März und April sind häufig regnerisch. Ende März/Anfang April beginnt die Blüte der Obstbäume, Mai und Juni sind wohl die schönsten Monate – Mohn, Ginster, Rosmarin und Thymian blühen.

Im Juli/August steigen vor allem an der Küste die Temperaturen auf bis zu 30 °C. September und Oktober sind Monate mit beständig schönem Wetter, es ist warm, aber nicht zu heiß. Auch im November gibt es noch warme Tage, allerdings fällt häufig Regen, und in der Haute-Provence sogar Schnee.

Klimadaten Provence

Monat	Luft (°C) min./max.	Wasser (°C)	Sonnen- std./Tag	Regen- tage
Januar	4/12	13	5	9
Februar	5/13	12	6	7
März	7/15	13	6	8
April	9/17	14	8	9
Mai	12/20	16	9	8
Juni	16/24	20	10	5
Juli	18/26	22	12	2
August	18/27	23	11	4
September	16/25	21	9	7
Oktober	12/21	19	7	9
November	8/16	16	5	9
Dezember	5/13	14	5	9

Kultur live

Der Sommer ist Festivalzeit in der Provence. In Kirchen, Schlössern, Gärten und Kreuzgängen finden Konzerte und Theateraufführungen in historischem Rahmen statt. In den Offices de Tourisme ist kostenlos das alljährlich neu erscheinende Programmheft ›Provence – Terre de Festivals‹ erhältlich. Hier einige der wichtigsten Festivals:

April

Avignon, L'Isle-sur-la-Sorgue: Festival d'Arts Baroques, Konzerte und Ausstellungen in und um Kirchen und Schlösser

Juni – September

Nîmes: Festspielsommer mit Musik, Theater, Ballett, Ausstellungen

Juni

Lourmarin: Konzerte und Chormusik auf den Terrassen des Schlosses und in den Sälen (Mitte Juni – Ende Aug.)

Juli

Aix-en-Provence: Festival International d'Art Lyrique et de Musique. Opern- und Musikveranstaltungen im Innenhof des Erzbischöflichen Palastes

Fontaine-de-Vaucluse, L'Isle-sur-la-Sorgue, Le Thor: Sorgue-Festspiele, Musik, Theater, Tanz

Marseille: Internationales Folklore-Festival (Château Gombert)

Nîmes: Internationales Jazzfestival im Amphitheater

Salon-de-Provence: Jazzfestival im Schloss und auf den Straßen

Uzès: Konzertabende im Hof des Herzogsschlosses

Villeneuve-lès-Avignon: Internationaler Musiksommer in der Kartause

Juli – August

Avignon: Festival d'Avignon, Tanz und Theater im und um den Papstpalast (Internet: www.festival-avignon.com)

Carpentras: Les Estivales, Theater, Ballett, Varieté

Orange: Festival des Chorégies, Opern, Ballett, Theater, Konzerte im Römischen Theater

St-Maximin-la-Ste-Baume: Couvent-Royal-Musikabende

Silvacane: Kammermusik im Kreuzgang des Klosters

Vaison-la-Romaine: Sommer in Vaison, Konzerte, Theater, Ballett

Valréas: Nuits de l'Enclave des Papes, Theater und Musik

Juli – September

Fontaine-de-Vaucluse, Roussillon, Gordes, Abbaye de Silvacane: Internationales Streichquartett-Festival des Lubéron

St-Rémy-de-Provence: Organa-Festival, Orgelkonzerte

August

Vaison-la-Romaine: Internationale Choralies (alle 3 Jahre)

Orange: Oper und Ballett im antiken Theater

Pont-St-Esprit: Veranstaltungen klassischer Musik

St-Maximin-la-Ste-Baume: Orgelfestival

Oktober

Marseille: Fiesta del Sud, Tanzfestival

Sport

In der Provence bieten sich gute Gelegenheiten zum Wandern, Fahrad fahren, Angeln und Klettern, zum Kanu- und Kajakfahren. In der Camargue bieten Hotels Reitstunden an, Bademöglichkeiten bestehen an der Küste und an den Flüssen. Auch Tennis- und Golfplätze stehen zur Verfügung. Wer aber den eigentlichen Volkssport kennen lernen möchte, muss sich unter die Boulespieler mischen.

Angeln

Angelscheine erhält man bei der jew. Kommune oder der *Association de Pêche et Pisciculture* des jew. Departement. Fischreich sind insbesondere die klaren Gewässer der Vaucluse.

Conseil Supérieur de la Pêche,
13, avenue Malakoff, 75016 Paris,
Tel. 01 45 02 20 20.

Fahrradfahren

An allen größeren Bahnhöfen kann man Räder mieten (*Train et Vélo*). Weitere Leihmöglichkeiten nennen die Offices de Tourisme (s. Praktische Hinweise).
Fontaine-de-Vaucluse: Reizvoll ist eine mehrtägige Rundfahrt über Viens und Apt (135 km).

Golf

Die regionalen Tourismusbüros halten einen kostenloser Führer über die Golfplätze in der Provence bereits. Auskunft:

Fédération Française de Golf, 68, rue Anatole France, 92300 Levallois-Perret, Tel. 01 41 49 77 00, Internet: www.ffg.org.

Kanu- und Kajaktouren

Mit dem Kanu bzw. Kajak sind die reizvollen Landschaften von Ardèche, Cèze, Gardon, Durance und Sorgue zu erkunden. Informationen über kombinierte Fahrten, bei denen am Ziel ein Auto zum Abholen bereit steht, erteilen die Tourismusbüros. Hier einige Beispiele:

Vallon-Pont-d'Art, St-Martin-d'Ardèche: Geführte oder selbstständige ein- bis zweitägige Fahrten auf der Ardèche.

St-Ambroix: Fahrten für Anfänger und Fortgeschrittene auf der Cèze.

Pont-du-Gard: Ab hier Möglichkeiten zu Touren von unterschiedlicher Länge auf dem Oberlauf des Gardon.

L'Isle-sur-la-Sorgue, Fontaine-de-Vaucluse: Kajak-Fahrt von 8 km Länge auf der Sorgue.

Klettern

Zu Kletterrevieren und -schulen in der Provence gibt Auskunft:
École Française d'Escalade (Bergsteigerschule), 50, rue Carnot, 84000 Avignon, Tel. 04 90 85 61 45.

Nationalsport Boule

Kein noch so winziger Ort, der nicht eine entsprechende Bahn und Boule-Wettkämpfe hätte. Allabendlich trifft man sich zum Spielen, ist aktiv oder passiv dabei, agierend oder begutachtend.

Das **Jeu de boules**, *das ›Kugelspiel‹, ist in erster Linie Männersache und zwar eher der reiferen als der jüngeren Generation; langsam finden freilich auch Frauen Zugang zu diesem Spiel.*

Eine **Boulekugel** *hat einen Durchmesser von 9–11 cm und ein Gewicht von 700–1300 Gramm. Zweieinhalb Millionen dieser Kugeln werden jährlich in Frankreich hergestellt.*

Das Spiel besteht darin, seine Kugel so nah wie möglich an die kleine hölzerne Zierkugel zu rollen, das sog. Schweinchen (›Cochonnet‹), bzw. dort liegende gegnerische Kugeln von diesem wegzuschießen. Ersteres macht der ›Ponteur‹ (Zieler), letzteres der ›Tireur‹ (Schießer). Man unterscheidet zwei Spielweisen: Beim **Pétanque** *(provenzalisch: Ped tanco, festgehefteter Fuß) wird die Kugel aus dem Stand geworfen, beim* **Jeu Provençal** *mit Anlauf.*

Reiten

Die **Camargue** lässt sich schön auf dem Rücken der Pferde erkunden – allenthalben begegnen einem unterwegs die Hinweisschilder der Clubs hippiques oder Écoles d'Equitation. Auskunft:

Association Camarguaise de Tourisme Equestre, Centre de Ginès, Pont-de-Gau, 13460 Les-Saintes-Maries-de-la-Mer, Tel. 04 90 97 86 32

Schiffsausflüge

Informationen erhält man bei dem jeweiligen Office de Tourisme.

Aigues-Mortes: Ab Tour de Constance Fahrten auf den Kanälen und dem Küstenfluss Vidourie.

Avignon: Fahrten auf der Rhône bis in die Camargue.

Marseille: Fahrten zum Château d'If, zu den Îles du Frioul und in die Calanques.

Strände

Arles: Die Plage de Piémanson mit feinem Sand und flachen Dünen (Salin-de-Giraud) ist der ›Hausstrand‹ von Arles.

Le-Grau-du-Roi: Östlich des Ortes ist die Plage de l'Espiguette ein reizvolles Strandgebiet.

Marseille: Im Stadtgebiet gute Sandstrände mit Strandposten und sportlichen sowie sanitären Einrichtungen.

Les-Saintes-Maries-de-la-Mer: Gute Sandstrände.

Wandern

Beliebte **Wandergebiete** sind der Lubéron, die Gegenden um den Mont Ventoux, die Dentelles de Montmirail und um Fontaine-de-Vaucluse sowie das Tal des Gardon beim Pont-du-Gard. Vier **Sentiers de Grande Randonnée** (GR, Fernwanderwege) erschließen die Region, von denen man sich Teilabschnitte auswählen kann. Sie führen durch das südliche Vivarais bis zum Mont Ventoux, durch das Rhônetal, am Fluss Gard entlang durch die Alpilles und den Lubéron, um die Nordflanke des Mont Ventoux über das Plateau de Vaucluse, den Lubéron, die Massive Ste-Victoire und Ste-Baume. Zudem gibt es **Sentiers de Petite Randonnée** (kürzere Strecken) von einigen bis zu 48 Stunden Länge. Auskunft in den Touristenbüros.

Detaillierte Informationen geben die *Topo-Guides*, erhältlich bei:

Fédération Française de la Randonnée Pédestre, Centre d'Information, 14, rue Riquet, 75014 Paris, Tel. 01 44 89 93 93, Internet: www.ffrp.asso.fr.

Statistik

Lage: Die Provence, im Südosten Frankreichs gelegen, umfasst die heutigen Départements Vaucluse und Bouches-du-Rhône. Begrenzung ist im Westen die Rhône, im Süden das Mittelmeer. Nach Norden und Osten sind die Grenzen weniger eindeutig, daher werden im Reiseführer auch Teile der Départements Ardèche und Gard berücksichtigt.

Verwaltung: Die erwähnten Départements links der Rhône wurden 1972 im Zuge einer behutsamen Dezentralisierung mit dem Département Haut-Alpes zur Région Provence-Alpes-Côte-d'Azur zusammengefasst (Hauptstadt: Marseille). Das Département Gard gehört bereits zur Region Languedoc-Roussillon (Hauptstadt: Montpellier).

Bevölkerung: Die Bevölkerungsdichte der Provence ist sehr unterschiedlich. Die bedeutendsten Städte sind Marseille (mit 800 000 Einw. die zweitgrößte Stadt Frankreichs), Aix-en-Provence und Nîmes (je rd. 134 000), Avignon (86 000), Arles (50 000), Salon-de-Provence (37 000), Orange (28 000).

Wirtschaft: Die Landwirtschaft spielt im ›Garten Frankreichs‹, wie die Provence genannt wird, immer noch eine tragende Rolle. In der Rhône-Ebene hat man sich auf Gemüse und Frühobst, in hohem Maße auch für den Export, spezialisiert. Zwischen Arles und Tarascon baut man Weizen, Reis, Mais und Raps an. Auf Hochebenen und den Hängen oberhalb von 700 m wird Lavendel angebaut. Mit Mandeln wird in der Umgebung von Aix und Salon die Calissons, eine begehrte Süßigkeit, hergestellt. Die Kirschen von Apt gehen kandiert in alle Welt, und Olivenöl von Pflanzungen in der Nähe von Salon, Nyons und an den Südhängen der Gebirge wird europaweit exportiert. Trüffelplantagen, sog. Truffières, findet man u.a. im südlichen Tricastin und im Comtat Venaissin. Zwischen Buis-les-Baronnies und Carpentras wiederum gibt es Lindenpflanzungen für den Handel mit getrockneten Lindenblüten, während Felder für die Herbes de Provence – Thymian, Rosmarin, Salbei, Basilikum, Majoran, Bohnenkraut und Fenchel – vor allem um St-Rémy und im Vaucluse zu finden sind.

Typisch provenzalisch ist die Schafzucht, während in der Camargue auf großen Gütern schwarze Rinder und weiße Pferde gezüchtet werden. Der Fischfang spielt nur noch eine untergeordnete Rolle.

Die Industrie hat einen einschneidenden Wandel durchgemacht, u. a. auch durch die Anlage von Wasserkraftwerken am Unterlauf von Rhône und Durance. Die Bedeutung der traditionellen Branchen – z. B. Verarbeitung von Mineralien (etwa Ocker um Roussillon), Seifenherstellung (Marseille), Salinen (in der Camargue) – ist zurückgegangen. Industrien wie Raffinerien, Petrochemie, Flugzeugbau (Marseille), Elektronik und Kernforschung (Zentrum von Caradache) haben die Provence in eine moderne Wirtschaftsregion verwandelt. Zentrum ist Marseille mit dem Industriehafen von Fos.

Das dritte wirtschaftliche Standbein ist der Tourismus. Heutzutage wird gezielt der Kongresstourismus gefördert, was eine gute Hotelbelegung auch außerhalb der Saison garantiert.

Unterkunft

Außerhalb der französischen Schulferien ist es in der Regel nicht allzu schwer, auch unangemeldet ein Zimmer zu bekommen. Allerdings ist zu beachten, dass besonders in den Wintermonaten, v. a. im Januar und Februar, viele Unterkünfte geschlossen sind.

Camping

Detaillierte Auskunft über geprüfte Campingplätze gibt der jährlich neu erscheinende **ADAC Camping Caravaning Führer** mit CD-Rom (Band Südeuropa) sowie der **ADAC Urlaubsführer Europa**, erhältlich im Buchhandel und bei den ADAC-Geschäftsstellen (Internet: www.adac.de/camping).

Chalets

Vielerorts gibt es **Ferienhäuser**, die wochenweise vermietet werden. Sie sind mit allem ausgestattet, was man zur Selbstversorgung braucht. Auskunft:

Inter Châlet, Kaiser-Joseph-Straße 263, 79098 Freiburg, Tel. 07 61 / 21 00 77

Hotels

Neben den Fremdenverkehrsbüros vor Ort vermittelt die **Fédération Nationale des Logis de France** 83, av. d'Italie, 75013 Paris, Tel. 01 45 84 70 00 kleinere, preiswerte, oft sehr persönlich geführte Hotels. Zu empfehlen sind auch die im **France Accueil** zusammengeschlossenen Hotels. Prospektmaterial erhält man über das Büro:
Hôtels Indépendents Français (HIF), Friedrichstr. 37, 60323 Frankfurt/ Main, Tel. 0 69 / 72 76 33, Fax 17 26 61.

Jugendherbergen

Fédération Unie des Auberges de Jeunesse, 27, rue Pajol, 75018 Paris, Tel. 01 44 89 87 27, oder 60, rue Vitruve, 75020 Paris, Tel. 01 55 25 35 00

Auskunft erteilt auch:
Deutsches Jugendherbergswerk, Bismarckstr. 8, 32756 Detmold, Tel. 0 52 31/7 40 10, Fax 74 01 74, Internet: www.jugendherberge.de

Privatunterkünfte

Über preiswerte Privatquartiere informiert das **Maison des Gîtes de France**, Internet: www.gites-de-france.fr. Vertretung der Departements Aude (Languedoc Roussillon) und Alpes Maritimes (Provence und Côte D'Azur) in Deutschland:

France-Ecotours, Elisabethenstr. 17, 63225 Langen, Tel. 0 61 03/92 87 87, Fax 92 92 83, E-mail: info@france-ecotours.org

Verkehrsmittel im Land

Bahn

Mit dem **France-Railpass** kann man an drei und an bis zu sechs weiteren Tagen innerhalb eines Monats beliebig viele Strecken des französischen Eisenbahnnetzes nutzen (Sondertarife für Kinder, Jugendliche, Senioren). Der Pass muss im Ausland gekauft werden. Auskunft in vielen deutschen, österreichischen oder Schweizer Reisebüros, bei den jeweiligen Vertretungen der französischen Bahnen **SNCF**, Internet: www.voyages-sncf. com bzw. über das **SNCF-Callcenter** in Straßburg, Tel. 00 33/8 92 35 35 36.

Mietwagen

Mietwagen der bekannten Verleihfirmen gibt es in allen größeren Orten.

ADAC-Mitglieder können über die **ADAC Autovermietung**, Tel. 0 18 05/ 31 81 81 (0,12 €/Min.) oder über die ADAC-Geschäftsstellen zu günstigen Konditionen ein Auto vorbuchen.

Öffentliche Verkehrsmittel

Die innerstädtischen und regionalen öffentlichen Verkehrsmittel in der Provence funktionieren gut. In Marseille gibt es eine U-Bahn *(Métro)*. Überlandbusverbindungen machen die meisten Orte auch ohne Auto erreichbar (Busbahnhof = *Gare routière*). In den Tourismusbüros gibt es Fahr- und Routenpläne.

Sprachführer

Das Wichtigste in Kürze

Ja / Nein	*Oui / Non*
Bitte / Danke	*S'il vous plaît / Merci*
In Ordnung. / Einverstanden.	*Très bien. / D'accord.*
Entschuldigung!	*Pardon! / Excuse(z)-moi!*
Wie bitte?	*Comment? / Vous dites?*
Ich verstehe Sie nicht.	*Je ne vous comprends pas.*
Ich spreche nur wenig Französisch.	*Je ne parle que peu le français.*
Können Sie mir bitte helfen?	*Pourriez-vous m'aider, s'il vous plaît?*
Das gefällt mir (nicht).	*Cela (ne) me plaît (pas).*
Ich möchte ...	*Je voudrais ...*
Haben Sie ...?	*Avez-vous ...?*
Gibt es ...?	*Y a-t-il ...?*
Wie viel kostet das?	*Cela coûte combien?*
Kann ich mit Kreditkarte bezahlen?	*Puis-je régler avec une carte de crédit?*
Wie viel Uhr ist es?	*Quelle heure est-il?*
Guten Morgen! / Guten Tag!	*Bonjour!*
Guten Abend!	*Bonsoir!*
Gute Nacht!	*Bonne nuit!*
Hallo! / Tschüs!	*Salut!*
Mein Name ist ...	*Je m'appelle ...*
Wie ist Ihr Name, bitte?	*Quel est votre nom, s'il vous plaît?*
Wie geht es Ihnen?	*Comment allez-vous?*
Auf Wiedersehen!	*Au revoir!*
Bis bald!	*A bientôt!*
Bis morgen!	*A demain!*
gestern / heute / morgen	*hier / aujourd'hui / demain*
am Vormittag / am Nachmittag	*le matin / l'après-midi*
am Abend / in der Nacht	*le soir / la nuit*
um 1 Uhr / 2 Uhr ...	*à une heure / à deux heures ...*
um Viertel vor / nach ...	*à ... moins le quart / et quart*
um ... Uhr 30	*à ... heure(s) trente*
Minute(n) / Stunde(n)	*minute(s) / heure(s)*
Tag(e) / Woche(n)	*jour(s) / semaine(s)*
Monat(e) / Jahr(e)	*moi(s)/an(s)/année(s)*

Zahlen

0	*zero*	19	*dix-neuf*
1	*un*	20	*vingt*
2	*deux*	21	*vingt-et-un*
3	*trois*	22	*vingt-deux*
4	*quatre*	30	*trente*
5	*cinq*	40	*quarante*
6	*six*	50	*cinquante*
7	*sept*	60	*soixante*
8	*huit*	70	*soixante-dix*
9	*neuf*	80	*quatre-vingt*
10	*dix*	90	*quatre-vingt-dix*
11	*onze*	100	*cent*
12	*douze*	200	*deux cents*
13	*treize*	1 000	*mille*
14	*quatorze*	2 000	*deux mille*
15	*quinze*	10 000	*dix mille*
16	*seize*	1000 000	*un million*
17	*dix-sept*	1/2	*un demi*
18	*dix-huit*	1/4	*un quart*

Wochentage

Montag	*lundi*
Dienstag	*mardi*
Mittwoch	*mercredi*
Donnerstag	*jeudi*
Freitag	*vendredi*
Samstag	*samedi*
Sonntag	*dimanche*

Monate

Januar	*janvier*
Februar	*février*
März	*mars*
April	*avril*
Mai	*mai*
Juni	*juin*
Juli	*juillet*
August	*août*
September	*septembre*
Oktober	*octobre*
November	*novembre*
Dezember	*décembre*

Maße

Kilometer	*kilomètre*
Meter	*mètre*
Zentimeter	*centimètre*
Kilogramm	*kilogramme*
Pfund	*livre*
Gramm	*gramme*
Liter	*litre*

Unterwegs

Nord / Süd / West / Ost	*nord / sud / ouest / est*
oben / unten	*en haut / en bas*
geöffnet / geschlossen	*ouvert / fermé*
geradeaus / links / rechts / zurück	*tout droit / gauche / droite / en arrière*
nah / weit	*proche / loin*
Wie weit ist das?	*A quelle distance d'ici se trouve-t-il?*
Wo sind die Toiletten?	*Où sont les toilettes?*
Wo ist die (der) nächste …	*Où se trouve …*
Telefonzelle /	*la cabine télépho-nique /*
Bank /	*la banque /*
Post /	*le bureau de poste /*
Polizei /	*le station de police/*
Geldautomat?	*le distributeur de billets*
	la / le plus proche?
Wo ist …	*Où se trouve …*
der Bahnhof /	*la gare /*
die U-Bahn /	*le métro /*
der Flughafen?	*l'aéroport?*
Wo finde ich …	*Où se trouve …*
eine Bäckerei /	*une boulangerie /*
ein Fotogeschäft /	*un magasin photographiques /*
ein Kaufhaus /	*un grand magasin /*
ein Lebensmittel-geschäft /	*une épicerie /*
einen Markt?	*un marché?*
Ist das der Weg / die Straße nach …?	*Est-ce que le chemin / la route / la rue pour …?*
Gibt es einen anderen Weg?	*Y a-t-il un autre chemin?*
Ich möchte mit dem Zug / Schiff / Fähre /Flugzeug nach … fahren.	*Je voudrais prendre le train / le bateau / le ferry-boat/ l'avion pour …*
Ist der Preis für Hin- und Rückfahrt?	*Est-ce que le prix aller-retour?*
Wie lange gilt das Ticket?	*Pour combien de temps le ticket sera valide?*
Wo ist das Fremden-verkehrsamt /	*Où se trouve l'Office de Tourisme/*
Reisebüro?	*l'agence de voyages?*
Ich benötige eine Hotelunterkunft.	*J'ai besoin d'un hôtel.*
Wo kann ich mein Gepäck lassen?	*Où puis-je laisser mes bagages?*
Ich habe meinen Koffer verloren.	*J'ai perdu ma valise.*
Ich möchte eine Anzeige erstatten.	*Je voudrais déposer une plainte.*
Man hat mir …	*On m'a volé …*
Geld /	*de l'argent /*
meine Tasche /	*mon sac /*
meine Papiere /	*mes papiers /*
die Schlüssel /	*les clés /*
meinen Fotoapparat /	*mon appareil photo /*
meinen Koffer /	*ma valise/*
mein Fahrrad gestohlen.	*ma bicyclette.*

Freizeit

Ich möchte ein …	*Je voudrais louer …*
Fahrrad /	*une bicyclette /*
Motorrad /	*une moto /*
Surfbrett /	*une planche à voile /*
Mountainbike / Boot /	*un v.t.t. / un bateau /*
Pferd mieten.	*un cheval.*
Gibt es ein(en)	*Y a-t-il …*
Freizeitpark /	*un parc d'attractions /*
Freibad /	*une piscine /*
Golfplatz /	*un terrain de golf /*
Strand	*la plage*
in der Nähe?	*près d'ici?*
Wann hat … geöffnet?	*Quelles sont les horaires d'ouverture …?*

Hinweise zur Aussprache

ai	wie ›ä‹, Bsp.: l**ai**t
au	wie ›o‹, Bsp.: **au**to, g**au**che
eu	wie ›ö‹, Bsp.: p**eu**, d**eu**x
ou	wie ›u‹, Bsp.: r**ou**ge
ue	wie ›ü‹, Bsp.: r**ue**, aven**ue**
c	vor ›e‹ und ›i‹ wie ›s‹, Bsp.: **c**e, **c**ide
c	vor ›a‹ und ›o‹ wie ›k‹, Bsp.: **c**abinet, **c**ompagnie
ch	wie ›sch‹ Bsp.: **ch**ips
h	am Wortanfang ist immer stumm, Bsp.: **h**ommage
g	vor ›e‹ und ›i‹ wie ›dsch‹, Bsp.: **g**entile, **g**ilet
gn	wie ›nj‹, Bsp.: co**gn**ac, a**gn**eau
p, s, t	sind am Wortende meist stumm, Bsp.: tro**p**, trè**s**, mo**t**
-tion	bei dieser Silbe ›t‹ wie ›s‹, Bsp.: na**tion**
q, qu	wie ›k‹, Bsp.: co**q**, **qu**i
v	wie ›w‹, Bsp.: **v**ie
z	wie ›s‹, Bsp.: **z**éro

Bank, Post, Telefon

Brauchen Sie meinen Ausweis?	*Avez-vous besoin de ma carte d'identité?*
Wo soll ich unterschreiben?	*Où dois-je signer?*
Ich möchte eine Telefonverbindung nach …	*Je voudrais une communication avec …*
Wie lautet die Vorwahl für …?	*Quel est le préfixe pour …?*
Wo gibt es … Münzen für den Fernsprecher / Telefonkarten / Briefmarken?	*Où peut-on trouver … des jetons / des cartes téléphoniques / des timbres?*

Tankstelle

Wo ist die nächste Tankstelle?	*Où est-ce que la station d'essence la plus proche?*
Ich möchte … Liter … Super / Diesel bleifrei / mit … Oktan.	*Je voudrais … litres … de super / gasoil sans plomb / à … octane.*
Volltanken, bitte.	*Faites le plein, s'il vous plaît.*
Prüfen Sie bitte …	*Vèrifiez s'il vous plaît, …*
den Reifendruck /	*la pression de gonflage /*
den Ölstand /	*le niveau d'huile /*
den Wasserstand /	*le niveau d'eau /*
das Wasser für die Scheibenwischanlage /	*l'eau pour le système essuieglaces /*
die Batterie.	*la batterie.*
Würden Sie bitte …	*Pourriez-vous s'il vous plaît …*
den Ölwechsel vornehmen /	*faire la vidange d'huile /*
den Radwechsel vornehmen /	*effectuer le changement de roue(s) /*
die Sicherung austauschen /	*échanger le fusible /*
die Zündkerzen erneuern /	*échanger les bougies /*
die Zündung nachstellen?	*régler l'allumage?*

Panne

Ich habe eine Panne.	*Je suis en panne.*
Der Motor startet nicht.	*Le moteur ne démarre pas.*
Ich habe die Schlüssel im Wagen gelassen.	*J'ai laissé les clés dans la voiture.*
Ich habe kein Benzin/Diesel.	*Je n'ai plus d'essence/de diesel.*
Gibt es hier in der Nähe eine Werkstatt?	*Est-ce qu'il y a un garage près d'ici?*
Können Sie mein Auto abschleppen?	*Pourriez-vous remorquer ma voiture?*
Können Sie mir einen Abschleppwagen schicken?	*Est-ce que vous pouvez m'envoyer une dépanneuse?*
Können Sie den Wagen reparieren?	*Pouvez-vous réparer la voiture?*
Wann wird er fertig sein?	*Quand sera-t-elle prête?*

Mietwagen

Ich möchte ein Auto mieten.	*Je voudrais louer une voiture.*
Was kostet die Miete …	*Combien coûte la location …*
pro Tag /	*par jour /*
pro Woche /	*par semaine /*
mit unbegrenzter km-Zahl /	*avec kilométrage illimité /*
mit Kasko-versicherung /	*avec assurance tous risques /*
mit Kaution?	*avec la caution?*
Wo kann ich den Wagen zurückgeben?	*Où puis-je rendre le véhicule?*

Unfall

Hilfe!	*Au secours!*
Achtung! / Vorsicht!	*Attention!*
Bitte rufen Sie schnell …	*S'il vous plaît, appelez vite …*
einen Krankenwagen /	*une ambulance /*
die Polizei /	*la police /*
die Feuerwehr.	*les sapeurs-pompiers.*
Es ist (nicht) meine Schuld.	*C'est (ce n'est pas) de ma faute.*
Geben Sie mir bitte Ihren Namen und Ihre Adresse.	*Veuillez me donner votre nom et adresse, s'il vous plaît.*
Ich brauche die Angaben zu Ihrer Autoversicherung.	*J'aurais besoin des données de votre assurance automobile.*

Krankheit

Können Sie mir einen guten Deutsch sprechenden Arzt / Zahnarzt empfehlen?	*Pourriez-vous me conseiller un bon médecin / dentiste qui parle allemand?*
Wann hat er Sprechstunde?	*Quelles sont ses heures de consultation?*
Wo ist die nächste Apotheke?	*Où est-ce que la pharmacie la plus proche?*

Ich brauche ein Mittel gegen …	*J'aurais besoin d'un médicament contre …*
Durchfall / Fieber / Insektenstiche / Verstopfung / Zahnschmerzen.	*la diarrhée / la fièvre / les piqûres d'insecte / la constipation / le mal de dents.*

Im Hotel

Ich habe bei Ihnen ein Zimmer reserviert.	*J'ai réservé une chambre chez vous.*
Haben Sie ein …	*Auriez-vous …*
Einzel- /	*une chambre à un lit / une*
Doppelzimmer …	*chambre à deux lits*
mit Dusche / mit Bad / WC?	*avec douche / avec salle de bains / WC?*
für eine Nacht / für eine Woche?	*pour une nuit / pour une semaine /*
mit Blick aufs Meer?	*avec vue sur la mer?*
Was kostet das Zimmer …	*Combien coûte la chambre …*
mit Frühstück / mit Halbpension / mit Vollpension?	*avec petit-déjeuner / avec demi-pension / avec pension compléte?*
Wie lange gibt es Frühstück?	*Jusqu'à quelle heure peut-on prendre le petit-déjeuner?*
Ich möchte um … Uhr geweckt werden.	*Je voudrais qu'on me réveille à … heure(s).*
Ich reise heute abend / morgen früh ab.	*Je pars ce soir / demain matin.*
Haben Sie ein Faxgerät / Hotelsafe?	*Avez-vous un fax / un coffre-fort?*

Im Restaurant

Wo gibt es ein gutes / günstiges Restaurant?	*Pourriez-vous m'indiquer un bon restaurant/un restaurant pas trop cher?*
Die Speisekarte / Getränkekarte, bitte.	*Je voudrais la carte / la carte des boissons, s'il vous plaît.*
Ich möchte das Tagesgericht / Menü (zu…)	*Je voudrais le plat du jour/le menu (à …).*
Welches Gericht können Sie besonders empfehlen?	*Quel plat pourriez-vous recommander particulierment?*
Ich möchte nur eine Kleinigkeit essen.	*Je voudrais manger qu'un petit quelque chose.*
Haben Sie vegetarische Gerichte?	*Avez-vous des plats végétariens?*
Können Sie mir bitte …	*Pourriez-vous m'apporter …*
ein Messer / eine Gabel / einen Löffel bringen?	*un couteau / une fourchette / une cuillère, s'il vous plaît?*
Darf man hier rauchen?	*Peut-on fumer ici?*
Die Rechnung bitte!	*L'addition, s'il vous plaît!*

Essen und Trinken

Apfel	*pomme*
Artischocke	*artichaut*
Austern	*huîtres*
Bier	*bière*
Brot / Brötchen	*pain /petit pain*
Butter	*beurre*
Ei	*œuf*
Eiskrem	*glace*
Erdbeeren	*fraises*
Essig	*vinaigre*
Fisch	*poisson*
Flasche	*bouteille*
Fleisch	*viande*
Fruchtsaft	*jus de fruits*
Gemüse	*légume*
Glas	*verre*
Hammelfleisch	*mouton*
Himbeeren	*framboises*
Hummer	*homard*
Joghurt	*yaourt*
Kaffee mit Milch	*café au lait*
Kalbfleisch	*veau*
Kartoffeln	*pommes de terre*
Käse	*fromage*
Krabben, Garnelen	*crevettes*
Kuchen	*gâteau*
Lammfleisch	*agneau*
Leberpastete	*pâte de foie*
Meeresfrüchte	*fruits de mer*
Milch	*lait*
Mineralwasser (mit / ohne Kohlensäure	*l'eau minérale gazeuse / non gazeuse*
Obst	*fruits*
Öl	*huile*
Pfeffer	*poivre*
Pfirsiche	*pêches*
Reis	*riz*
Rindfleisch	*bœuf*
Salz	*sel*
Schinken	*jambon*
Schweinefleisch	*porc*
Spinat	*épinards*
Suppe	*soupe*
Wein (Weiß / Rot / Rosé)	*vin (blanc / rouge / rosé)*
Zwiebeln	*oignons*

Register

Bildnachweis

AKG, Berlin: 103 oben, 112 – *archivberlin, Berlin*: 4 oben (S. Tauqueur), 94 (Explorer), 103 unten (Brüstle), 107 (Kasch), 114 unten, 117 (S. Tauqueur) – *Franz Marc Frei, München*: 5 rechts, 8 oben, 9 Mitte, 10 Mitte, 26, 30 unten, 33 oben, 35, 36, 42 oben, 44/45, 46, 52, 53 (2), 54, 55, 56/57, 66, 70, 73 (2), 74, 75 unten, 80, 81, 87, 95 (2), 96 oben, 104 (2), 105, 108, 109 unten, 115, 119, 120 unten, 121, 123 oben, 126 oben rechts, Umschlagrückseite Hotels – *Huber, Garmisch-Partenkirchen*: 8 unten – *IFA Bilderteam, München*: 19 (Datafoto) – *laif, Köln*: 40/41 (Hartmut Krinitz), 47, 126 Mitte rechts (Fulvio Zanettini) – *LOOK, München*: 6/7, 9 unten, 13, 22, 23, 24 (Christian Heeb), 30 oben (Jürgen Richter), 33 unten, 39 oben, 40 (Christian Heeb), 60 (Jürgen Richter), 67, 71, 83, 88, 92 (Christian Heeb), 100 (Jürgen Richter), 111 (2), 113 unten, 118 (2), 120 oben, 123 unten, 125 (Christian Heeb) – *Mauritius, Mittenwald*: 6, 27, 76 (Torino) – *Süddeutscher Verlag/Bilderdienst, München*: 12, 14, 15 – *Martin Thomas, Aachen*: 5 links, 7, 9 oben, 10 oben, 10 unten, 11 (2), 16/17, 20, 25, 29, 34, 38, 39 unten, 42 unten, 43, 49, 62, 63, 65 (2), 69, 72, 75 oben, 77, 78, 79, 85, 86, 91, 93, 96 unten, 97, 98, 101, 109 oben, 113 oben, 126 oben links, 126 Mitte links, 126 unten (2).